二战风云 史诗巨著
璀璨博览 全彩呈现

风云人物

第二次世界大战著名人物

胡元斌 严 锴 主编

台海出版社

前言PREFACE

1937年7月7日，驻华日军在卢沟桥悍然向中国守军开炮射击，炮轰宛平城，制造了震惊中外的"七七事变"，中国的抗日战争全面爆发。1939年9月1日，德国入侵波兰，第二次世界大战正式开始。1945年9月2日，日本签署投降书，第二次世界大战宣告结束。

这是人类社会有史以来规模最大、伤亡最惨重、造成破坏最大的全球性战争，也是关系人类命运的大决战。这场由德、意、日法西斯国家的纳粹分子发动的战争席卷全球，世界当时人口总数的80%的20亿人口受到波及。这次世界大战把全人类分成了两方，由美国、苏联、中国、英国、法国等国组成的反法西斯同盟国与由德国、日本、意大利等国组成的法西斯轴心国，进行对垒决战。全世界的人民被拖进了战争的深渊，迄今为止这是人类文明史上绝无仅有的浩劫和灾难。

在这场大战中，交战双方投入的兵力和武器之多、战场波及范围之广、作战样式之新、造成的损失之大、产生的影响之深远都是前所未有的，创造了许多个历史之最。

第二次世界大战的胜利具有伟大的历史意义。我们历史地、辩证地看待这段人类惨痛历史，可以说，第二次世界大战的爆发给人类造成了巨大灾难，使人类文明惨遭浩劫，但同时，第二次世界大战的胜利，也开创了人类历史的新纪元，给战后世界带来了广泛而深远的影响。促进了世界进入力量制衡的相对和平时期；促进了一些殖民地国家的民族解放；促进了许多社会主义国家的诞生；促进了资本主义国家的经济、政治和社会改革；促进了世界科学技术的进步；促进了军事科技和理论的进步；促进了人类认识史上的一场伟大革命；促进了世界人民对和平的深刻认识。

　　第二次世界大战的胜利也是世界人民反法西斯战争的胜利，成为20世纪人类历史的一个重大转折，它结束了一个战争和动荡的旧时期，迎来了一个和平与发展的新阶段。我们回首历史，不应忘记战争给我们带来的破坏和灾难，以及世界各个国家和人民为胜利所付出的沉重代价。我们应当认真吸取这次大战的历史经验教训，为防止新的世界大战发生，维护世界持久和平，不断推动人类社会进步而英勇奋斗。

　　这就是我们编撰《第二次世界大战纵横录》的初衷。该书综合国内外的最新研究成果和最新解密资料，在有关部门和专家的指导下，以第二次世界大战的历史进程为线索，贯穿了第二次世界大战的主要历史时期、主要战场战役和主要军政人物，全景式展现了第二次世界大战的恢宏画卷。

　　该书主要包括战史、战场、战役、战将和战事等内容，时空纵横，气势磅礴，史事详尽，图文并茂，具有较强的历史性、资料性、权威性和真实性，非常有阅读和收藏价值。

风云
人物

目录 CONTENTS

第二次世界大战著名人物

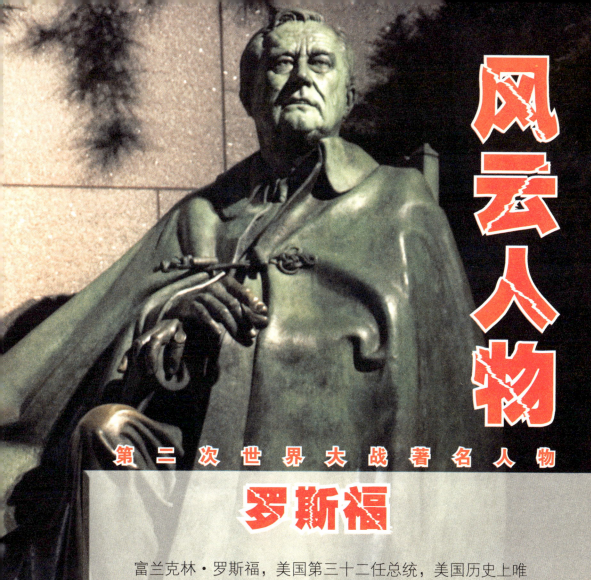

风云人物

第二次世界大战著名人物

罗斯福

富兰克林·罗斯福，美国第三十二任总统，美国历史上唯一蝉联四届的总统。第二次世界大战爆发后，罗斯福推出《租借法案》援助盟国，1941年对法西斯国家宣战。战争期间，他专注于战略问题，与盟国磋商未来之和平规划，希望建立联合国，以维护战后和平。二战后期，罗斯福在塑造战后世界秩序方面发挥了关键作用，尤其是在联合国的成立中作用表现明显。

发表鼓舞人心的
宣战演说

富兰克林·德拉诺·罗斯福于1882年1月30日出生于美国纽约。

1904年6月，罗斯福从哈佛大学毕业，获文学学士学位。随后进入哥伦比亚大学法学院学习法律。

1930年，罗斯福取得连任纽约州州长的胜利后，又于1932年击败前总统胡佛，当选为美国三十二届总统，入主白宫。

1936年，四年一度的总统大选又到了。罗斯福再度获胜，他获得了除缅因州和佛蒙特两州的全部选举人票。罗斯福成了门罗总统以来接连两届由本党控制国会两院的第一个总统。

1940年，又是美国总统选举年。针对纳粹希特勒的疯狂进攻，罗斯福激流勇进，第三次连任总统。

罗斯福第三次连任美国总统后，立即制订了允许英国无限制地利用美国工业资源的战时决策。

1940年12月17日，罗斯福在一次记者招待会上用一个朴素的比喻透露了租借的大概轮廓。他说：

假如我邻居的房子着火，我有一根浇花用的四五百英尺长的软管。如果他能用我的软管接在他家的消防栓上，我可能帮助他把火扑灭。

现在我该怎么做呢？在他借软管之前我不说："邻居，我花15美元买的这根浇花用的软管出租给你，你得付给我15美元。"

不，我们进行的交易是什么？我不要15美元，我希望在火灾扑灭之后，收回我的软管。

罗斯福总统

1941年1月6日，在对租借法案建议进行最后润色的时候，罗斯福出席了国会两院联席会议，发表了一年一度的《国情咨文》。他宣称，美国不会由于轴心国叫嚣，说我们向盟国提供援助，违反了国际法，是战争行动，而不敢提供援助。

罗斯福认为，提供援助并不是战争行动，即使独裁者片面宣布这是战争行动也无用。当那些独裁者准备向我们发动战争时，他们不会等待我们采取战争行动。他们并没有等待挪威、比利时或者荷兰采取战争行动。如果战胜那些独裁者，那就会出现一个建立在自由和民主的基础之上的新世界。

四天以后，决定实行租借的法案提交到了国会。经过两个月的辩论，国会以压倒多数批准了法案，1941年3月11日，罗斯福总统将它签署为法律。

欣喜若狂的丘吉尔为租借法欢呼，说"这是任何国家历史上至为高尚的行为"。租借法中确定最初的拨款为70亿美元，到第二次世界大战结束时，美国实际向盟国提供了大约500亿美元的货物和劳务。

《租借法案》的通过，使美国处于非交战状态，是美国积极干预反法西斯战争的重要里程碑。

1941年12月7日，是美国历史上极具耻辱和黑暗的日子。

这一天，日本人袭击了珍珠港，太平洋舰队18艘舰艇被击沉或受到重创，188架飞机被毁，159架炸坏，美军死亡2403人，重伤和失踪2233人。幸亏当时航空母舰出海执行任务不在港内，而且日本轰炸时还漏掉了海军船坞内的油库和潜艇库，否则损失将更为惨重。

罗斯福弄清珍珠港遭难的确实消息后，表面上虽显得镇静自若，但内心却是满腔怒火。

罗斯福想采取援救行动，同总参谋长马歇尔将军讨论了军队的部署问题，指示国务卿赫尔随时向拉美国家介绍情况，使他们准备就绪，并命令陆军部长史汀生和海军部长诺克斯在所有的国防工厂和关键设施布置警戒。

然而，总统不允许在白宫周围由军人站岗，因为白宫已经吸引了焦虑的美国人，他们聚集在栅栏外面，寻求新的保证和指导。

罗斯福总统发表演讲

1941年12月8日上午，罗斯福身披蓝色海军斗篷，在他儿子搀扶下坚定走向众议院讲台时，台下响起一阵又一阵雷鸣般掌声。

罗斯福一手扶着讲台，一手打开笔记本。在全国各地，美国人都聚集在收音机前，倾听人们熟悉的声音。罗斯福非常郑重地宣布：

昨天，1941年12月7日，这是臭

名昭著的日子，美国受到日本帝国海军和空军的突然袭击。

美国和那个国家原本处于和平状态，并应日本的请求仍在和日本政府与天皇对话，期望维护太平洋的和平！这次袭击使美国海军和陆军遭受到严重损失。

许多美国人丧生！既然日本在12月7日星期日卑鄙地发动袭击，我请求美国国会宣布：美国和日本帝国之间已处于战争状态。

罗斯福总统的演说结束后，他抬起头，微笑着向人民挥手致意。他的讲话受到与会者的热烈欢迎。

这个简单的演说，比第一次世界大战期间威尔逊于1917年要求国会对德宣战的演说，分量重得多，影响深远得多。参议院以82票对0票，众议院以388票对1票通过了罗斯福的宣战要求。

从此，美国正式参加了第二次世界大战。

1941年12月8日，英国也宣布同日本处于战争状态。9日，中国国民党政府在中日战争进行了4年之后才正式对日本宣战，10日又对德国宣战。

接着对日本宣战的还有戴高乐的"自由法国"以及澳大利亚、新西兰、加拿大等20多个国家。

在珍珠港事件两天以后的星期二晚上，罗斯福向全国人民发表了《我们将打赢这场战争，我们还将赢得战后的和平》的广播讲话。

总统在这篇"炉边谈话"中，针对美国人民对这场战争缺乏思想准备的情况，着重说明了法西斯匪徒背信弃义、惯用偷袭的办法发动侵略战争。

他说：

日本过去10年中在亚洲所走的道路，同希特勒和墨索里尼在欧洲和非洲所走的道路是极为相似的，他们都是在事先没有警告的情况下，对他们所要鲸吞的国家发动入侵。因此我们每个美国

公民都要对他们保持警惕。

最使美国人和西方人感到震惊的是，日军在袭击珍珠港的同时，对东南亚展开了全面进攻，而且"旗开得胜"。

东京时间1941年12月8日拂晓，山下奉文将军率领的日军在马来半岛靠近边境的东海岸3个地方同时登陆。进攻时，虽然海风剧烈，风浪高达2米，但进展异常顺利。

至天黑时，哥打巴鲁机场已被日军占领。

就在这一天，日军还对香港、关岛、菲律宾群岛、威克岛和中途岛等地展开了猛烈进攻。

在马尼拉，麦克阿瑟的远东航空大队遭到毁灭性的轰炸。巨大的"空中堡垒"一架接一架爆炸。机场上到处浓烟滚滚，所有的战斗机以及30架中型轰炸机和观测机都在燃烧。"空中堡垒"只剩下了3架，其余全部被毁。

日本轰炸机全部安全返航，战斗机也仅仅损失了7架。这是美国军队遭受的类似珍珠港的第二次沉重打击。

至此，能用以阻止日本在东南亚迅速取胜的三股最强大的威慑力量，一天之内就被消灭了两股——太平洋舰队和麦克阿瑟的空中力量。

那第三股威慑力量是英国海军上将"大拇指汤姆"菲利普斯将军指挥的强大舰队。但时隔不久，35000吨的大型战列舰"威尔士亲王号"和"反击号"也被日本鱼雷轰炸机击沉了。

从此，东条英机更加趾高气扬，耀武扬威，他命令海陆军尽快占领东南亚各国和太平洋主要岛屿。

为了尽快扭转败局，罗斯福在1942年1月6日的《国情咨文》中说：

我们进行这场战争不能抱着防御的态度。当我们把军事力量和资源充分动员起来的时候，我们就要向敌人进攻——不论何时何地，只要我们力所能及，我们就要打击他们，再打击他们。

我们必须在远离我们海岸的地方把敌人挡住，因为我们的意图是把战争带给敌人，带到敌人的本土上去。

为此，罗斯福总统号召青壮年踊跃参军，工人、农民要加紧生产，为早日赢得胜利多生产物资，多生产军火。

在总统的建议下，珍珠港事件后不久，国会迅速通过了一项新的征兵法，把要求登记的范围扩大到所有从18岁至65岁的男子。从20岁至44岁的男子有义务服兵役，超过最高年限的男子则有义务从事力所能及的劳务。

此外，新的兵役法还规定，所有正在武装部队服役的男子均须在整个战争期间服役，另外还要延长6个月。根据选征兵役法，对大约3100万人进行了分类，其中将近1000万人被征召入伍，还有许多人志愿入伍。

至1945年，陆军约有820万人，其中三分之二在海外服役。海军和海军陆战队约有390万人，海岸警卫队约有25万人。

另外，在第二次世界大战期间，美国数十万青年妇女也毅然从军，她们在海、陆、空军中担负了医疗救护、文书打字和通讯联络等方面的任务，大大减轻了男子的非战斗任务，提高了战斗力。

罗斯福在《国情咨文》中指出："柏林和东京的军国主义者发动了这场战争。但是，被激怒而团结起来的全人类将结束这场战争"；"我们的目标是明确的：粉碎军阀强加在被奴役人民头上的军国主义——解放被征服的国家——在全世界各地树立和保障言论自由、宗教信仰自由、免于匮乏的自由和免于恐惧的自由。我们不达到这些目标绝不罢休"。

罗斯福强调指出："我们今天进行的斗争是为了安全，为了进步，为了和平，不仅是为了我们自己，也是为了全人类，不仅是为了一代人，而是为了世世代代的人。我们进行斗争是为了清除世界上的积弊和痼疾。"

罗斯福说："我们的敌人的指导思想是野蛮的犬儒主义和对人类的极端蔑视。我们则是出于一种信仰，它可以追溯到《创世纪》的第一章：'上帝按照自己的形象创造了人。'"

　　"这就是眼前日夜都在深入影响我们生活的一场斗争。"罗斯福说，"这场斗争不可能以任何妥协而结束。善恶之间从来没有过，也永远不可能有成功的妥协。只有彻底胜利才是为宽容、清醒、自由和信仰而战斗的人所应得的报酬。"

　　罗斯福这一鼓舞人心的演说，在珍珠港事件后，在人心动荡恐惧的情况下，为动员全国人民积极投入这一伟大的斗争，发挥了重要作用。在美国反法西斯战争的历史上留下了鲜艳的一笔。

经受艰苦卓绝的
严峻考验

对日宣战后，美国上下同仇敌忾，报复日本及德意法西斯的战争全面打响。

根据达成的协议，罗斯福让陆军和海军集中力量打击德国，同时守住太平洋中部防线。

英国眼前暂时没有遭到入侵，但仍可能遭到毁灭性的打击，因为使用"群狼战术"的德国潜艇正在咬断大西洋供应线，为此丘吉尔正向美国总统紧急呼救。

在中国南海彼岸的菲律宾，本间将军的另外10000多名日本士兵在拉蒙湾登陆，准备在南部钳形运动的背后增添一支打击力量，这场攻势现在离马尼拉还不到100千米。麦克阿瑟宣布菲律宾首都为不设防城市，日本人不予理睬，出动飞机轰炸美军司令部所在地火星人大厦。美军撤退到巴丹的最后步骤已经做出。

美国亚洲舰队剩下的巡逻艇撤退到吕宋岛西岸的海湾里躲避起来，潜艇已经撤退到婆罗洲和爪哇的港口。遭到轰炸的甲米地军港的弹药和供应品，由于日军的强烈攻势，难以运抵要塞岛屿科雷吉多尔岛，只好就地用炸药炸掉了。

吕宋岛上仅有的4架战斗机，在圣诞前夜，同布里尔顿将军乘坐的最后一架美国运输机一起飞回美国本土。麦克阿瑟向他告别时恳求说："我希望你能把我们所作的努力告诉美国人民，以便维护我作为一个战士的声誉。"

几个小时之后，麦克阿瑟将军本人最后一个登上"唐埃斯塔班号"轮

船，渡过约50千米宽的海峡，来到蝌蚪形的小岛科雷吉多尔岛，这座岛屿扼守着马尼拉湾的门户。

受美英轻视的日本法西斯军队，打乱了同盟国过去的一切估计和推测。日军来势之猛，往往使华盛顿和伦敦的地图室墙上的标针大大落于形势之后。某一地点告急，要赶派生力军去增援，但是被围困的指挥官甚至还没有接到无线电的通知，日军却已先到了。

珍珠港事件后的几个月里，日本所征服的地区好像一把打开的扇子，扇柄就在东京，扇子的半径长约5000千米，向东伸展到中太平洋，向南伸到澳大利亚沿岸，向西直达印度的海岸。其疆土扩张之迅速是史无前例的。

因此，罗斯福的困境是以前历任美国总统所从未经历过的，可以说连做梦都想不到的。

海上运输情况也十分不妙。向苏联输送军需品的整个任务，以及向英国运送军火和支援非洲与中东的作战行动，由于大西洋战争的新发展而严重地

罗斯福总统（雕塑）

复杂化了。

1942年1月中旬，德国向美国发动攻势。德国在这方面唯一适用的武器就是潜水艇，它现在已成为十分令人恐怖的有效武器了；而美国海军却对它束手无策。德国潜水艇竟然钻到可以望见纽约百老汇光芒的地方，在距离东海岸几百米的范围内，击沉了许多船只。损失的数字从这多灾多难的冬季所公布的可怕损失统计表中可以看出来。德国潜水艇在两个月内在西大西洋击沉了132艘轮船。

罗斯福对海军不够重视大西洋战争非常生气，并且为之烦恼了很长时间。但是，伤脑筋的事不只这些，恐日病、害怕战争、机构不灵等所引起的混乱也足够使人犯愁的。

在这样的灾难一个接一个、不愉快的事情连续发生的日子里，罗斯福的精神压力是十分沉重的。但是，他决心胜利地担负起领导全国人民抗击法西斯的重任。

他针对当时全国普遍存在的失败主义情绪、悲观失望情绪，在华盛顿诞辰日——2月23日向全国人民发表了一次重要的广播讲话。他决心用爱国主义、英雄主义教育人民，焕发人民的斗志。

罗斯福指出，今天我们进行的这场战争，是一场新型的战争，是一场取决于全世界一切地方保障自由和正义的权利与义务的斗争。他说，纳粹分子和日本人的目的是：分割美国、英国、中国和俄国，把它们互相孤立，以便逐个包围，切断供给和增援部队的来源。这是人们熟悉的"分而胜之"的轴心政策。

罗斯福说，如果听从孤立主义者的意见，我们就要失败，全世界就要遭受法西斯的奴役。因此，必须坚决拒绝采取"乌龟政策"，拿出英雄主义气概，彻底打败侵略者的嚣张气焰。

根据美国宪法第二条第二款，美国总统是美国陆海空军以及现役各州民兵的总司令。美国参战后两个月，华盛顿成立参谋长联席会议，由乔治·马歇尔将军、欧内斯特·金海军上将和陆军航空队司令阿诺德将军组成。这就

是战时军事指挥体制。

战时军事指挥体制是陆海空三军的主要协调机构，直属于总司令。它随时向总司令报告军事战略事宜、武装部队人员需要、军用物资弹药的生产和分配情况及所有三军共存的政策问题。它下设几个重要的附属机构：副参谋长联席会议、联合秘书处、参谋长联合计划署、联合情报委员会、心理战联合委员会，其他还有如野战运输、通信、后勤、气象、军需分配等附属机构。

疑难问题一般由这些下属机构解决，专家们常被派往前线出任某一战区指挥官的高级参谋。

罗斯福统领全局，主要精力用于全球战略的筹划、与盟国协调关系，以及制定战时外交政策并构想战后世界格局。

重大战役的制定也要与罗斯福密切磋商，由他审定总政策和总目标后，由参谋长联席会议确定运输供应、装备分配和兵力配置，具体作战方案一般均由当地司令官制订。

鉴于总统本人涉事太多，精力有限，罗斯福特别任命威利斯·李海军上将为总司令的参谋长，即由李上将充当他与参谋长联席会议间的中介。罗斯福很喜欢直接去白宫里警戒最森严的白宫地图室，以详细了解战争进程的最新情况。一批才识过人的年轻军官日夜轮流在这里工作，把接收到的军事电讯及时反映在各类地图上。

为便于罗斯福坐在轮椅上查看，地图室的地图悬挂得很低，不同颜色的小旗和指示针标志出美国三军在全球的位置以及变幻莫测的战局。在地图室里，罗斯福就可以把命令经五角大楼联络中心发布到世界各地。

对于分布在各战区的美军司令官，罗斯福作为总司令有权直接任免或调换。参谋长联席会议也常向他举荐一些有潜质的军官和军功卓著的老将军，如德怀特·艾森豪威尔和乔治·巴顿，都是由马歇尔陆军参谋长建议起用的。

至于骄纵自负的道格拉斯·麦克阿瑟，是现代美军发展史上的特殊人

物，自第一次世界大战以来在军内就享有独特的地位，战前任菲律宾军事顾问，在珍珠港事件的前四个半月时出任美国陆军远东司令部司令。

在整个大战期间，参谋长联席会议的职责权限一直没有明确地规定下来。李将军经常代表罗斯福出席联席会议，于是当然地主持会议，制定议程，签署主要文件和决议。

李将军在其回忆录里指出：由于缺乏对参谋长联席会议职权范围的明文规定，这就使得这一组织具有很大的灵活性，它可以根据战争情况变化的需要而变更其活动范围，这种变更往往同总统的想法有关，总统足智多谋，实际上通过这个机构直接指挥着这场战争。

另外，前所未有的大战为罗斯福扩大总统作为总司令的职能提供了充分的可能性。如他广泛而充分地行使总司令的职能，绕过国会以超龄军舰换取英国海军基地，允许美军开往格陵兰和冰岛，以总司令的身份加强和监控战时生产，发布行政命令划定"军事区"，将10多万日侨和日裔美国公民强行送进"集中营"。

自从珍珠港事件以来，罗斯福一直敦促他的军事参谋部寻找办法轰炸东京，以此对这场偷袭作一次小小的报复。

1942年3月初，机组人员集中在佛罗里达州埃格林机场，练习在跑道上驾驶经过改装的B-25双引擎轰炸机起飞。这个训练任务交给了陆军航空队第一流的飞行员、当年的飞行速度世界纪录保持者詹姆斯·杜立德中校。

4月2日，新服役的"大黄蜂号"航空母舰载着杜立德的机组人员从旧金山起航。16架B-25轰炸机改装后增设了油箱和假机尾机关枪，小心谨慎地滑落在飞行甲板上。

为了不被日军发现，"大黄蜂号"穿过北太平洋风暴区，将在阿留申群岛和中途岛之间的一个指定地点同哈尔西海军中将的"企业号"会合。这个被命名为"迈克"的特遣舰队在阴沉的海面上向着九州海岸以西约1000公里的起飞点破浪前进。

4月16日，飞行员到飞行甲板上报到，参加了一次特别的仪式。马

克·米切尔上校把日本过去授给美国人的5枚日本勋章交给了杜立德。

拿到勋章的飞行员把它们系在炸弹上后，又用粉笔写了一些讽刺话："我不是要火烧世界。我只火烧东京！""请尝尝轰炸的味道吧！"计划杜立德第一个起飞，预定在中午时飞到东京。他说："你们在以后20分钟或半个小时后起飞，把我炸起的火焰当作指示灯。"

4月17日下午，"大黄蜂号"上的甲板人员对B-25轰炸机作了最后检查，他们用起货机装上炸弹。当晚雷达发现了日本海上警戒线最外层的哨艇。这时，"迈克特遣舰队"离日本还有近1200公里。

"让杜立德中校和勇敢的中队起飞吧！一路平安，上帝保佑你们！"哈尔西将军向"大黄蜂号"发出信号。

电警笛拉响了，杜立德中校紧紧握了一下米切尔海军上校的手，然后对他的机组喊道："好，伙计们，就这么着，一起出发吧！"轰炸机咆哮着升上天空。

说来也凑巧，就在最后几架轰炸机飞离"大黄蜂号"的时候，东京开始防空演习。这次演习气氛松懈，连警报也没拉。市民们不理会警防团要他们躲进防空洞的通知，竟有人骂他们是"庸人自扰"。到了中午，演习结束。大部分警报气球已收了下来，3架战斗机在东京上空懒洋洋地盘旋。那天是星期六，天气既晴朗又暖和，警报一解除，街上很快又熙熙攘攘，挤满了买东西和出来游玩的人群。

几分钟后，杜立德飞到日本沿海，比预定航线往北偏了100多公里。他折向左方。在飞机后部的领航员怀尔德纳开始观察有无迎击的战斗机，但是只发现了几架在上下翻腾的教练机。

当飞机掠过乡村田野时，他发现谁也没有在意这架飞机，照样干着自己的事。在经过一个兵营时飞得很低，可以看见那里的一群军官，身边的军刀在阳光下闪闪发光。

那天中午，恰好日本法西斯头子东条英机正乘着一架飞机去视察水户航空学校回来，准备切过美机飞来的航线在附近一个机场降落。

这时从右方来了一架双引擎飞机，东条英机的秘书西浦大佐觉得这架飞机"样子挺怪"。飞机飞近了，连飞行员的脸都可以看见了，他猛然醒悟，大喊："美国飞机！美国飞机！"东条英机大惊失色，不觉出了一身冷汗。

12时30分，杜立德到达了目标上空。在进行低飞轰炸时，弗里德·布里梅用瞄准器投下了第一颗炸弹。随后，飞机一架接着一架飞过东京市上空，把炸弹扔了下去。杜立德曾下了明确的命令，除了不炸医院和学校外，对皇宫也不要炸。

东京的市民都以为美机这场空袭不过是东京逼真的防空演习的高潮。学校操场上的孩子和闹市街上的市民还向头顶的飞机招手，他们错把美机上红、白、蓝三色的圆形标志当成了旭日标志。

直到东京北部的工厂区传来一阵阵剧烈的爆炸声，浓烟和尘雾笼罩了半个天空，人们才发现这些飞机的机翼上不是他们看惯了的旭日图案。

轰炸机

这次空袭摧毁了90座建筑物，就物质破坏而言，虽然价值不大，但对这个世世代代以为日本本土不会遭受攻击的民族在心理上引起了难以言状的震动。

日本报纸声称，这次空袭"彻底失败"，可是却把杜立德等人描绘成魔鬼模样，说他们"鬼鬼祟祟地进行非人道的、嗜杀的狂轰滥炸"，残酷地对居民和非战斗人员进行扫射，表现出十足的"魔鬼行径"。实际上，这是对日本侵略暴行的绝妙的讽刺。

美国轰炸机"光顾"东京，使日本举国上下极为惊恐。战争狂人东条英机对海陆军未能加以防范大发脾气，他认为这是"皇军的耻辱"。

山本大将对此又惊又愧，他把追击美舰的任务交给参谋长宇垣去指挥，自己关在房间里不肯出来。侍从从未见过他脸色如此苍白，精神颓丧。宇垣将军当晚在日记中写道："我们必须查明敌机的型号和数量，从而改善未来对付敌人攻击的反措施。总之，今天胜利属于敌人。"

这次空袭东京成功，使珍珠港事件以来感到颓丧的美军士气为之一振。这个行动好像在保证美国即将采取进攻姿态了。各个战场上的盟军，以及每个俘虏营里的俘虏们都感到了新的希望。

轰炸东京最深远的影响是对日本帝国参谋本部的巨大心理冲击。在这当中，日本在中途岛之战的失败就是一例。

中途岛位于火奴鲁鲁，即檀香山西北约1900公里，地处太平洋东西两岸的中间，战略地位十分重要。在第二次世界大战期间，中途岛是美国海、空军的重要前进基地。如果没有该岛作为前方观察哨所，美国的珍珠港将无法固守，太平洋也会随之沦入日军之手。

美国对东京的空袭震动日本朝野。1942年5月5日，东京帝国参谋本部发布作战命令，并以天皇名义谕令联合舰队总司令山本，实施他的"中途岛战役"计划。

日本海军陆战队在栗田少将的重型巡洋舰支援大队的炮火掩护下，对沙岛和东岛同时发起猛攻，并强行登陆。尽管日本人玩弄诡计，想迷惑美国

人，但是美国海军司令部对日军暗中进行的一切，却了解得一清二楚。

在中途岛战役中，美军击沉了日本半数的大型航空母舰，使其技术熟练的舰载机驾驶员损失大半。日本海军舰队虽然在战列舰和巡洋舰方面仍占优势，但已难以远离岸基航空兵的掩护进行远洋作战了。

中途岛一战，日军丧失了在战争初期夺得的海空控制权，也丧失了战略主动权。在美国，中途岛之战已家喻户晓，人们把这一仗当作太平洋战争的转折点来加以庆祝。尼米兹将军在公报中声称："珍珠港之耻已得到部分洗雪，必须将日本海上力量打得再无行动能力，否则不算完全报仇雪恨。"

罗斯福自1943年起，俨然就是盟国陆海军司令，他"愈益成为全球战争的中心人物"。大多数职业军人都钦佩他的领袖才能。史汀生认为美国陆军史上，从来没有一个比他更优秀的统帅。

艾森豪威尔写道："罗斯福先生的某些政治措施，我是永远不会赞成的。但是他是战时国家统帅，我完全是从他这个身份认识他的，而且从这个身份来看，我觉得他完全满足了大家对他的期望。"

敦促建立
世界反法西斯同盟

1941年6月22日凌晨3时30分，希特勒采取了不宣而战的强盗惯伎，突然对苏联发动进攻。德国的仆从国意大利、芬兰、罗马尼亚和匈牙利也一道参加了侵略苏联的战争。

第二次世界大战中规模最大、具有决定性的大战，在苏联国土上展开了。

法西斯侵略军的来势异常凶猛，总共出动了190个师的兵力，其中有153个德国师、19个装甲师和14个摩托化师，3700多辆坦克，4900多架飞机，47000多门大炮和193艘舰艇。

在北起波罗的海，南至黑海的2000多千米的战线上，向苏联发起大规模进攻。希特勒妄想用迅雷不及掩耳的"闪电战"，在6个星期到两个月的时间内打垮苏联，在冬季到来之前结束战争。

希特勒夸大其辞地说："我们只要在门上踢一脚，整个破房子就会倒下。"

希特勒背信弃义地向苏联发动进攻，在西方世界引起了极大的震动，一些具有远见卓识的政治家认为希特勒进攻苏联，给世界反法西斯战争带来了根本性的转折，只有紧密地和苏联联合，才能取得这次战争的彻底胜利。丘吉尔和罗斯福就是这方面的代表人物。

6月24日，罗斯福在记者招待会上明确表示：

美国准备在可能的范围内，全力援助苏联。

　　然而苏军在战争初期连连失利，这在美国决策层中引起对援苏是否明智的争论。

　　军事专家们普遍很悲观，认为"俄国军队将土崩瓦解"，"希特勒将在6个星期之内拿下列宁格勒和莫斯科"，"共产党政府将要垮台"。

　　他们预言，如果把军火运往俄国，只能白白浪费掉。只有前驻苏大使乔·戴维斯是乐观的，他告诉罗斯福："俄国人手里的货色比任何人所知道的都要多，他们是了不起的战士，不是轻而易举就能被战胜的。"

　　战争前途未卜，罗斯福进退两难。他决定派霍普金斯去苏联摸摸底。

　　哈里·霍普金斯身材修长而瘦削，一副不修边幅的仪容，但举止洒脱，思想敏锐，当时负责《租借法案》的实施，并无明确的官职。他自1940年德国进攻西欧时住进白宫，和罗斯福亲密无间，深受罗斯福的信任。

　　此时苏联正处在艰难时期，急切渴望得到外界援助，因此他们对这位总统特使的到来，自然格外重视。

　　7月27日，霍普金斯抵达莫斯科，当即受到苏联最高统帅的接见。斯大林坦率地向霍普金斯亮了家底，把苏联的兵员、坦克、枪炮和飞机的数字毫无保留地告诉了他，这些数字远远超出了西方人士的估计。

　　斯大林表示，苏联完全能够守住莫斯科和列宁格勒，但苏军急需高射机枪、高射炮、重机枪、步枪以及铝，尤其需要飞机、坦克和高射炮。

　　访苏期间，霍普金斯还亲自到前线进行了考察，苏联人民的英勇斗争精神和必胜信念，给他留下了极深的印象，以致后来每当驻莫斯科的军事观察员发回悲观的报告时，霍普金斯便表现出极端的愤怒，认为他们依据的只能是受偏见影响而歪曲了的猜想。

　　霍普金斯访苏，是战时美国对苏关系的一个转折点，也是国际反法西斯联盟建立过程中的重大事件。

　　罗斯福由此获得了有关苏联实力和前途的大量可靠情报，加深了对苏联的了解，从而坚定了他援助苏联的信心。9月底，美、英、苏三国在莫斯科召开会议，签订了10亿美元的援苏议定书。据此，美、英每月将向苏联提供400

架飞机、500辆坦克和其他军火。

11月7日，罗斯福宣布苏联为《租借法案》受援国，美将向苏提供10亿美元的无息贷款。

在援助和支持苏联抗击德国的同时，罗斯福也注意了美英两国战略合作关系的加强。自《租借法案》实施以来，美国实际上已同英国站在一起。

罗斯福出于对反法西斯事业正义性所抱有的信念，独自承担了援助英国的全部责任。他利用手中的权力，把金钱、武器源源不断地出借给英国，甚至还命令年轻的士兵们驾着飞机投入战斗，或许还要牺牲生命。但是，他一直没有就这一事业的原则和目标发表过宣言。

而德国进攻苏联后，斯大林就立即在广播演说中明确宣布，他们所从事的卫国战争，"不仅要消除我国面临的危险，而且还要帮助那些呻吟在德国法西斯主义枷锁下的欧洲各国人民"。

罗斯福深感自己在政治宣传方面落后了，他必须立即采取行动。他曾试图在一篇关于"四大自由"的演说中公开表明美国政府对这场战争的原则立场，但又觉得那仅是单方面承担义务，只对美国有约束力，而对盟国却没有。

经过反复思考，他决定由美英两国作出一个关于战争目的与理想的联合声明，借以向全世界宣告自己为之战斗的崇高目标。

在罗斯福于7月底的一次较长时间的休息之后，8月初，在一支舰队的护航下，总统率领有关军政人员乘坐"奥古斯塔号"，秘密来到纽芬兰附近的大西洋海面上，与英国首相丘吉尔举行了战时第一次首脑会议，史称"大西洋会谈"。

在以后的几天里，两位政治家纵谈世界局势，商讨共同的战略方针。在最后一天，8月12日，他们在"奥古斯塔号"的方形大舱内起草了有关战争目的联合声明——《大西洋宪章》。

宪章提出了8点主张，包括不进行扩张，反对违背人民意愿的领土变更，各国人民拥有主权和自治权，在获得原料和贸易方面机会均等，消除人类的

恐惧和匮乏，公海航行自由，建立广泛持久的普遍安全体制，解除侵略者武装等。

其中第四点和第八点有关国际贸易和维护战后和平的声明曾有很大争议。

美国希望消除世界贸易中的人为限制，英国则不愿放弃帝国特惠制，于是在自由贸易之前，加上了"适当考虑各国目前义务"一语。

在第八条中，罗斯福则删去了丘吉尔提出的"有效的国际组织"一词，代之以"普遍安全体制"，以免英国公众联想起国际联盟。

《大西洋宪章》是一篇反法西斯侵略的宣言。它体现出一种抽象的道义力量，拥有广泛的宣传价值，从中既可以看出美国传统外交的影子，如自由贸易和航海自由，也能找到罗斯福新政的印记，如免于恐惧的自由，公平的社会保障等。

几乎所有反法西斯国家都立刻接受了它。

至9月15日，已有14个国家附议了宪章，它的基本原则成为反法西斯国家团结合作的政治基础，并为后来的《联合国宪章》所采纳。

在大西洋会议上，罗斯福拒绝了丘吉尔要美国参战的请求，但他的言行使丘吉尔相信，美国将为介入战争寻找一个合理的借口，这正是罗斯福从威尔逊那里学来的"历史观念"。

9月4日，德国潜艇在冰岛海面袭击了美国驱逐舰"格里尔号"，罗斯福立即抓住这一机会，告诉美国人民说，这一事件"不是北大西洋上的局部军事行动"，而是"为了在武力、恐怖和屠杀的基础上制造一种永久性世界体制的既定步骤"。

接着罗斯福又一次显示了他的比喻才能，称德国的潜艇是"大西洋上的响尾蛇"，必须"见了就打"。这被认为是"不宣而战"的声明，赢得了美国很多公众的支持。

10月，又有两艘美国军舰被德国潜艇击伤和击沉。罗斯福宣布，"射击已经开始，历史将记住是谁放的第一枪"。

罗斯福的这些慷慨陈词，没能创造出一种适宜的宣战条件，只是促使国会在11月再次修改了《中立法》，允许武装商船，恢复美国船只开赴战区进行贸易的权利。然而一个月后，太平洋珍珠港的隆隆炮声终于帮助罗斯福实现了参战的愿望。

美国参战后，另一个更为重要的问题摆在了罗斯福的眼前。现在已经有26个国家对轴心国作战，但是他们既未结成同盟，目标也互不一致。人们仅仅是为了保存自己或为了自身的自由而战，这是不够的。要证明这场战争是正义的，就需要确立一个庄严的道德观念。

他清楚地记得，威尔逊的理想是如何鼓舞了上次大战中的盟国，也记得威尔逊由于未能使其他国家对他的原则承担义务而带来不幸的后果。

他建议所有对轴心国作战的国家都把《大西洋宪章》的原则作为从事这场战争的目标和未来世界的基础，发表一个共同的原则宣言，这一建议很快得到各国的赞同。唯一的实际困难是给这个大同盟起个什么名字才好。

他觉得"同盟"这一名称太容易使人回想起过去的失败，而"联盟"会使人对美国人产生偏见，对丘吉尔提出的"合作国家"他也不中意。后来他终于找到了十分满意的名称——"联合国家"。

1942年1月1日，以美、英、苏、中为首的26个反法西斯国家的代表齐集华盛顿，签署《联合国家宣言》，庄严宣布：各国政府完全赞同《大西洋宪章》各项原则，"保证使用其全部军事和经济的资源"，打败法西斯主义，"并不与敌人缔结单独停战协定或和约"。

这一宣言标志着世界反法西斯同盟正式建立起来。就罗斯福个人而言，这一同盟的形成充分体现了他的远见卓识，是他为世界反法西斯事业做出的独特贡献。

美、英、苏三国在反法西斯战争中进行了有效的合作，但在开辟欧洲第二战场的问题上存有分歧。

早在1941年，苏联政府就要求英国向法国北部登陆。可是英方一直未给予明确的答复，只是笼统地说，英国政府在对德战争中"必将给予苏联一切

可能的援助"。

美、英领导集团推迟在欧洲开辟第二战场的计划后，罗斯福就召集军政会议，着手制订实施在法属北非登陆的"火炬"计划。

1942年7月15日，即霍普金斯等赴伦敦前夕，罗斯福对这位心腹交底说，如果进攻西欧的计划不能实现，那么可供考虑的是北非和中东。在这里，美国的目的，就是趁法兰西帝国之危来扩大美国的影响。关于这一点罗斯福的儿子埃利奥特有很好的记录。

7月下旬，美、英两国联合参谋长委员会开始在伦敦拟制"火炬"的具体作战方案。经过反复磋商，9月20日经罗斯福和丘吉尔最后批准，确定在摩洛哥的卡萨布兰卡和阿尔及利亚的奥兰、阿尔及尔三处同时登陆。

罗斯福（中）和英、苏、中、法等国外长合影 ⬇

参加"火炬"作战的美、英远征军共有13个师，650艘军舰和运输船。首批登陆的部队为7个师，共约11万人。此外还有几个空降营将参加这次行动，其任务是占领敌防御纵深内的机场和要地。这次登陆的空中保障，将使用1700架飞机，其中绝大部分都驻守在直布罗陀要塞。

在北非登陆是西方盟国在第二次世界大战中第一次进攻性的战役。它既有战略意义，又有道义上的意义。

1943年4月19日，盟军集中优势兵力发起总攻。英国第八集团军自南向北实施突击，美、英远征军自西向东发起进攻，经过18天的战斗，于5月7日分别攻占了突尼斯城和比塞大港。25万德、意军队由于没有运输船只可供撤退，便于5月13日宣告投降。

至此，盟军在北非已全部肃清德、意军队，从根本上改变了地中海的形势，并为尔后在意大利的西西里岛登陆创造了良好条件。

北非的胜利极大地鼓舞了美国军民的斗志，运筹帷幄的罗斯福总统尤为高兴。他对指挥这一战役的总司令艾森豪威尔将军称赞不已。

他在白宫对记者说：

艾森豪威尔将军已经完成了一件多么漂亮、多么艰巨的工作，他现在是多么细心、多么巧妙地在指挥着他手下的士兵。我今晚要对你们说——也对他说——我们完全信任他的领导。对他作为一名军人的品格高度奖赏。

此次战役后，由英国首相丘吉尔提名，艾森豪威尔将军担任了美国、英国、澳大利亚等多国部队的最高统帅。

关于太平洋战争局势，罗斯福说："我们不指望浪费时间，慢慢地、一个岛一个岛地越过广阔的太平洋前进，直至最后打败日本。直接通往东京的道路比比皆是。我们对所有这些道路都会加以考虑。"

当时的太平洋形势令人欣喜，继中途岛大捷之后，经过多次激烈的战

斗，日本大本营又向联合舰队和第八方面军下达从瓜达尔卡纳尔岛（以下简称瓜岛）撤退的命令。

瓜岛是个有着一个奇怪的西班牙文名字的小岛，位于死火山山脉形成的所罗门群岛的南部。该岛的南海岸虽有一条很窄的平川，但紧挨着的就是山地。在该岛的北部有一片可供修建机场的平地，这块平地几乎全被热带森林覆盖，到处都是椰子林和茂盛的野草，一下雨，交通便被无数的河川沟壑阻断。这片平川就是盟军夺取的主要目标。经过艰苦的战斗，瓜岛战役，盟军击毙日军1.5万人，俘虏日军1000余人。

罗斯福多次强调，要乘胜前进，向敌人发起更猛烈的冲击。

为了推动反法西斯战争的胜利进展，在"火炬"战役期间，罗斯福总统又以病残的身体，跋山涉水，远渡重洋，在1943年1月14日至23日，前往北非卡萨布兰卡与丘吉尔首相举行了为期8天的会谈，并在这里会见了戴高乐将军和法国其他有影响的人物。

美、英两国的三军参谋长们在罗斯福到达之前已经开了3天会议，并对最后击败突尼斯的德、意法西斯军队之后可能发动的几次战役进行了审议。打算进攻的目标包括撒丁、西西里、克里特、罗得岛、多德卡尼斯群岛和希腊本土。

在罗斯福和霍普金斯参加会议之前，就已进行过许多争论，此后因马歇尔一直力促在1943年进攻法国北部，争论更加热烈。

在美国，不仅海军极力主张加强太平洋战场，人民也有强烈的对日复仇情绪，舆论中还有一种意见认为美国在欧洲是为拯救英国而战，亚洲战争才真正与美国切身利益有关。

经过反复讨论、磋商，在卡萨布兰卡会议上并没有改变以欧洲为主战场的战略总方针，但对开辟第二战场问题仍未作出明确的保证。

斡旋召开
美中英苏四国会议

1943年，各条反法西斯战线捷报频传，尤其是苏联斯大林格勒战役的胜利，使整个第二次世界大战的进程实现了根本的转折。

在历时200多天的整个战役中，法西斯军队在顿河、伏尔加河和斯大林格勒地区的总损失大约是150万人，3500辆坦克和强击火炮，12000门大炮和迫击炮，3000架飞机和大量的其他技术兵器。

苏军在斯大林格勒的胜利，最终地粉碎和制止了德军在苏德战场上的战略攻势，迫使它转入战略防御和退却。苏军夺取了战略主动权，开始了战略反攻，希特勒的军队已被赶出了顿巴斯和左岸的乌克兰。

1943年11月6日，红军解放了基辅。苏联战场的胜利，有力地鼓舞了苏联军民和全世界人民的反法西斯斗争。

斯大林格勒战役刚刚结束，罗斯福就致电斯大林，热烈祝贺苏联红军取得的这一伟大的胜利。

在非洲，在地中海地区，艾森豪威尔和蒙哥马利已经完成了对最后几股轴心国军队的包围；非洲敌军被迫投降，仅突尼斯一役，敌人就损失30万人。

"火炬"战役胜利结束后，美英远征军正向意大利本土进军。

1943年7月25日，当巴顿的新七军和蒙哥马利的老八军席卷西西里时，墨索里尼终于遭废黜，巴多格里奥元帅在国王维克托·伊曼纽尔领导下，出来接管了意大利政府。

罗斯福兴奋地向美国人民宣告："轴心上已裂开第一道口子。""但

是，"总统补充说，"我们对意大利提出的条件仍旧跟对德国和日本一样：无条件投降。"

1943年9月8日，在艾森豪威尔军队的强大攻势压力下，意大利政府终于宣布无条件投降。

在太平洋战场，麦克阿瑟和尼米兹也正在把两支进攻的箭头一步步地向不可一世的日本逼进。美军继在瓜岛取胜之后，又击毙珍珠港事件的罪魁祸首、日本联合舰队司令山本五十六海军大将。美国太平洋舰队正向所罗门群岛一带进逼。

为了促进胜利形势的发展，研讨盟国协同作战问题，1943年11月22日至11月26日，12月2日至7日，罗斯福、丘吉尔和蒋介石在开罗分两段举行美、英、中三国会议。

罗斯福的本意是召开有斯大林参加的美、英、苏、中四国首脑会议。可是斯大林拒绝参加有蒋介石参加的国际会议，因为苏联对太平洋战争持"中立"态度，他不愿参加讨论对日作战的国际会议。

因此，罗斯福和丘吉尔就决定把一个会分成两个来举行：中国人参加、苏联人不参加的开罗会议，然后是苏联人参加、中国人不参加的德黑兰会议。

两次会议都是在盟国的胜利已成必然的情况下召开的。

开罗会议举行前，罗斯福曾经踌躇满志地对儿子埃利奥特透露他对国际局势的看法。

他说："世界局势的发展不得不使美国站出来担任领导角色，领导并运用我们的斡旋进行调解，帮助解决其他国家之间必将产生的分歧：俄国和英国在欧洲，英国与中国、中国与俄国在远东。我们有能力做到这一点，因为我们是大国，是强国，而且我们不妄求。

"英国在走下坡路，中国仍在18世纪状态中，俄国猜疑我们，而且使得我们也猜疑它。美国是能在世局中缔造和平的唯一大国。这是一项巨大的职责，我们实现它的唯一办法是面对面地与这样的人会谈。"

027

在开罗会议上，罗斯福满怀热情，丘吉尔半心半意，蒋介石则是抱着讨价还价的目的要求罗斯福增加军援。整个会议是关于远东战略问题的辩论。

罗斯福、马歇尔、史迪威极力主张把日本驱逐出缅甸，保证中国陆上国际交道线，加强中国军队力量，作为最终打败日本陆上主力的重要战场。

丘吉尔否定缅甸有重要战略价值，他更不希望由中国人和美国人收复缅甸。他认为打败日本靠海上力量就够了。但是他和蒋介石不便过于反对罗斯福的意见，因此有条件地同意进行缅甸战役。

在开罗会议期间，罗斯福还同蒋介石秘密讨论了远东战后统治安排问题。罗斯福向蒋介石提出：在国际保证下，使大连成为苏联可以使用的自由港。根据罗斯福在德黑兰会议上向斯大林作出的暗示，蒋介石同意了这一安排。

▼ 丘吉尔（左）、罗斯福（中）和斯大林（右）（雕塑）

第二次世界大战著名人物

罗斯福总统认为，要中国继续作战来牵制日本部队是至关重要的。中国的机场对轰炸日本来说也是必不可少的。

罗斯福一再试图说服蒋介石改组他的政府，结果毫无成效。

罗斯福召回了在中国的美国军事指挥官史迪威将军，满足了蒋介石对史迪威的不满，并试图把中国作为一个大国来对待，以便提高蒋介石的斗志，使中国继续抗战。

开罗会议最主要的成果是美、英、中三国联合发表的《开罗宣言》。它宣布：

我三大盟国此次进行战争之目的，在于制止及惩罚日本之侵略。三国决不为自己谋求利益，也无意于扩张领土。三国之宗旨在剥夺日本自1914年第一次世界大战开始以后在太平洋所夺得的或占领之一切岛屿，在使日本所窃取于中国之领土，例如满洲、台湾、澎湖群岛等，归还中国。

此外，日本也将被逐出于其以暴力或贪欲所攫取之所有土地。我三大盟国轸念朝鲜人民所受之奴役待遇，决定在相当期间使朝鲜自由独立。

我三大盟国抱定上述之各项目标并与其他对日作战之联合国家目标一致，将坚持进行为获得日本无条件投降所必要之重大的长期作战。

为商讨加建战争进程和战后世界的安排问题，美、英、苏三国首脑在德里兰举行会晤。为了开好这次会议，在"三巨头"会谈之前，1943年10月底在莫斯科举行了一次外长预备会议。

美国国务卿赫尔在进行他在战争期间唯一的这一次重要外交活动时，以顽强的意志争取说服苏联人发表一项四国宣言，保证成立一个维护战后和平与安全的组织。

029

斯大林向赫尔保证，一打败德国，苏联就将参加对日本的战争。罗斯福心想，这次会议就以上问题能达成协议，就算取得"重大成果"了。

德黑兰会议于11月28日至12月1日召开。当罗斯福一行抵达德黑兰时，斯大林为了罗斯福的安全而友好地建议他移住苏联大使馆。丘吉尔则住在附近的英国使馆。

罗斯福总统的车子驶进使馆大院的绿色大门，在一幢大而无挡的建筑物前面刹住。这幢建筑物很像一所百万富翁的豪华住宅，但已年久失修，不复有昔日的光彩。它那富丽堂皇的门框上的油漆显出裂纹，墙上的灰泥大块大块地剥落，里面的泥草露在外面，活像一个从破洋娃娃肚子里漏出的木屑。纳粹分子离去前在墙上到处乱涂的"卐"字，给人一种讽刺味儿。

罗斯福的安全由苏联警卫和便衣人员负责。他们个个都是两米以上的彪形大汉。斯大林前来拜访罗斯福时，后者故意不让美方翻译在场，只让斯大林的翻译帕夫洛夫担任翻译。

罗斯福对他儿子说："这是表示我的信任和毫不猜疑的一个姿态。"

罗斯福和斯大林握手时说："见到你，我很高兴。我早就想同你见面了。"

斯大林说由于军务繁忙，迟迟未能实现，感到抱歉。罗斯福感谢斯大林把主要客房让给他住，并向斯大林祝贺苏联红军取得的伟大胜利。

他们在正式开会之前举行了一个赠剑仪式：丘吉尔从伦敦给斯大林带来了一柄"斯大林格勒"之剑。仪式简短而动人。

一位年轻的英国上尉高擎着那柄修长笔直的宝剑，丘吉尔作了一席感情充沛的简短发言，斯大林用俄语致答词。接着，丘吉尔庄严地双手托剑，把它赠交斯大林。

斯大林接过宝剑，俯首吻了一下精美的剑柄。他缓慢地把剑从鞘中抽出一段来，然后又迅速插入，把它交给伏罗希洛夫。仪式到此结束。

"我想看一下宝剑。"罗斯福说。他右手握住剑柄，试试它是否平衡称手。这把剑的制作实在精美绝伦，拿在手里简直感觉不到它的重量，倒像是

自己手臂的延伸。

罗斯福高兴得笑起来："真是登峰造极的杰作！"他把剑高高举起，从空中猛劈下来，雪亮的钢刃发出一道寒光。

第一次会议于16时举行。出席会议的除"三巨头"外，还有霍普金斯、艾登和莫洛托夫，以及三国的参谋部的负责人。斯大林和丘吉尔共推罗斯福总统主持第一次会议。

罗斯福总统在会议开幕时说，他很高兴把苏联人作为"家庭小圈子里的新成员"来欢迎，并向他们保证说，这次会议将始终像朋友们的聚会那样，在各方面都充满着完全坦率的气氛。他相信三国的代表会紧密协作，不仅在战争的整个期间，而且将继续到子孙后代。

丘吉尔说，这里所体现的是世界上从未见过的权力的最高集中，而人类幸福的未来就掌握在这些与会者手中；他祈望这些人将不致辜负上帝所赐予的时机。

斯大林说，这次兄弟般的集会的确体现了一个伟大的时机的到来，而这个时机极需与会者明智地使用各国人民所赋予他们的权力。

德黑兰会议大部分时间是讨论军事问题。"三巨头"在介绍了各自战场的情况后，便集中开始讨论斯大林所要求的迅速开辟第二战场的问题。

丘吉尔虽然口头上不反对"霸王"行动，但以种种理由为借口极力避免与德军主力正面作战。他要进行地中海战役，在意大利迅速北进的同时进军巴尔干。

丘吉尔称他的主张是"四面包围战略"。

斯大林要求美英军队于1944年5月间在法国北部登陆开辟第二战场。丘吉尔说他不能作此保证。

双方争执十分激烈，以致斯大林愤然站了起来，对莫洛托夫和伏罗希洛夫说："我们走吧！我们在这里没有事好干了，我们前线还有许多事要做呢！"后来在罗斯福的调解和参与下，会议才得以进行下去。

斯大林对丘吉尔说，他想问一个颇为欠妥的问题，就是英国人是不是真

正相信"霸王"行动，或者他们仅仅是把这作为一种给苏联人鼓气的手段而才表示同意的？

丘吉尔虽然使尽了辩论家的艺术，辞令动听，委婉得体，这是他拿手的本领，但是斯大林却挥舞大棒，对他老练的对手的躲躲闪闪毫不留情。在此情况下，罗斯福则居中调解，充当公认的会议主持人。

经过反复协商，终于确定在1944年5月开辟欧洲第二战场。这是德黑兰会议关于军事问题的一个重要决定。罗斯福在这个问题上支持斯大林的意见。

斯大林告诉他们，苏联将配合这次战役发动一场攻势。斯大林还重申了向国务卿赫尔作出的保证，打败希特勒之后，苏联将参加对日本的战争。

在斯大林做主人举行的一次宴会上，斯大林"一直取笑丘吉尔"，说他对德国人怀有"某种神秘的喜爱"，不愿对德国采取严厉措施。

据埃利奥特叙述，罗斯福夫妇对丘吉尔的私下评论更为直截了当，说"丘吉尔先生总是赞成不要对德国采取严厉的态度"，而且"他的情绪是随着对俄国人的恐惧感的增加而加剧的"。

斯大林所暗讽的也正是丘吉尔内心的隐秘，那就是他想在战后利用德国来制约苏联。

在忙忙碌碌的德黑兰四天会议里，罗斯福同丘吉尔和斯大林在会议桌上和吃饭时都进行着磋商，又单独同斯大林会谈过几次。

罗斯福发现这位穿着米色军装、戴着元帅的大金质肩章的苏联领导人信心十足，意志坚强，他给人的印象是"端庄，倔强，严肃，没有一丝笑容，令人难以捉摸"。

德黑兰会议关于政治问题的讨论更为复杂。对战后德国的处置问题，罗斯福主张把德国肢解成五个相互分离的国家，斯大林也明确表示他希望有一个软弱的德国和强大的欧洲。

在会谈中，"三巨头"就战后要控制的战略基地问题进行讨论时，丘吉尔说，英国不想取得任何新领土，但希望保持它原有的领土和重新要回从它

手中被拿走的领土，具体是指新加坡和香港。他说，尽管他可能最终要自愿让出帝国的一些疆土，但他不会不经过一场战斗而被迫放弃任何东西。

罗斯福多次主张英国应把香港归还中国，印度应当独立，但丘吉尔的回答是："我不愿葬送大英帝国。"

罗斯福看到在战后要维持旧殖民帝国是不可能的，他希望在太平洋上建立美国领导下的新格局。

1943年11月30日，"三巨头"午餐会谈。当三方就苏联取得欧洲不冻港的问题在原则上达成协议后，斯大林问罗斯福和丘吉尔："在远东能够为俄国做些什么？"

丘吉尔立即反问斯大林对前不久签订的《开罗宣言》有什么看法，并且表示有兴趣弄清楚苏联对远东和那里的不冻港问题的看法。

斯大林表示苏联在远东没有一个完全的不冻港口。罗斯福说，自由港

丘吉尔、罗斯福和斯大林（从左到右）

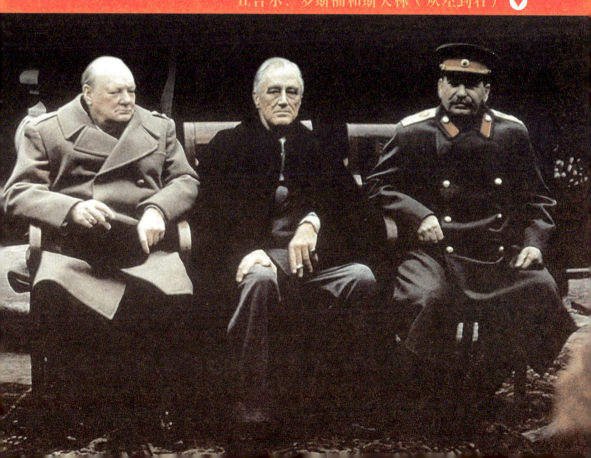

的主张也可以适用于远东，而且大连就有这种可能性。斯大林立即发表意见说，中国人会反对这个提议的。

但罗斯福说，他认为他们会同意在国际保证下把大连作为一个自由港的。

接着，斯大林在远东方面作了两个口头承诺：第一，赞成《开罗宣言》的全部内容；第二，打败德国后，苏联红军将增援东部，协同盟军共同对日作战。后面这一点，对美国军方和罗斯福的战略布局都有很大影响。

会上，罗斯福对战后国际组织的构成作了很具体的设计。他在一张纸上画了三个圈：当中的一个圈标明"执委会"，右边一个圈标上"四个警察"，左边圈上写着"四十个联合国家"。这一构思，就是以后联合国的安全理事会、四个常任理事国和联合国大会。

斯大林对罗斯福提出的监视和平的"四个警察"概念表示感兴趣。斯大林还赞成他提出的不准法国人重返印度支那和他们的殖民帝国的其他地区的建议。这些地区将成为联合国托管地。

在星期二的晚餐会上，丘吉尔把罗斯福描绘成一个"把毕生贡献给弱者和无援者的事业的人"，这个人凭借他的勇气和在1933年的预见性行动，"坚定地引导着他的国家在激烈的民主自由气氛中，顺着国内政治和党派倾轧的惊涛骇浪前进"。

在向斯大林祝酒时，丘吉尔说斯大林堪与俄国历史上最伟大的人物并驾齐驱，堪称"斯大林大帝"。

根据记录，在答话时，斯大林元帅说，授予他的荣誉其实是属于苏联人民的，要成为一名英雄或伟大的领导人并不太难，如果你不怕同苏联人这样的人民相处的话。他说，红军的确是在英勇作战，因为苏联人民不许可他们的军队里有别的品格。

德黑兰会议标志着苏联和西方合作的高峰。尤其是丘吉尔69岁寿辰之夜，会上的气氛更出现了一番新的景象。在英国使馆的大餐桌边，苏联人、英国人和美国人亲密无间地坐在一起，生日宴会使大家显得无忧无虑。

和其他任何生日宴会一样，这里也有一块蛋糕以及蜡烛、礼物、祝酒和赤诚的感情。罗斯福还亲自配制了马丁尼酒，更增添了随意的气氛。所不同的是，客人是三个大国的首脑，而他们的诚意则对世界的和平与人类的前途有重大影响。

正如"三巨头"签发的《德黑兰宣言》所说的：

我们充分认识到我们以及所有国家负有创造和平的无上责任，这种和平将获得全世界绝大多数人民大众的拥护，并在未来的许多世代中排除战争的祸患和恐怖。

我们将寻求所有致力于消灭暴政的人民的国家之合作和积极参加……我们随时欢迎它们自愿加入到这个民主国家的世界大家庭中来。

建立维护和平的
联合国组织

政治年轮又转到了1944年大选年。罗斯福清楚地记得四年前自己在克利夫兰的那次演说。

这一次罗斯福确实渴望停下来休息。他写信给民主党全国委员会主席罗伯特·汉尼根说："我的灵魂总在呼唤我回到哈得孙河畔的老家去。"

在大选来临之际，一份有着6000多名炼钢工人签名的请愿书这样写道：

我们知道您很累，但是我们没有办法，我们不能让您退职。

另一封信更深深地震动了罗斯福的内心：

当前世界忧患重重，请不要把我们撇下不管。上帝将您放在世上这个地方，就是要您做我们的北斗星。

罗斯福的内心波澜难平：险恶的战争已是曙光在前，但战后国际风云必将诡谲莫测，所有同时代的人都远不及他那般洞悉美国政府或世界政治的才能，军事策略和盟国外交都是他经手操办的，何况那个寄托着威尔逊式的梦想的联合国尚在未定之天，历史将在他身后对他作出怎样的评价呢？

1944年7月11日，罗斯福在致汉尼根的信中说：

假如人民命令我继续担任这项职务，进行这场战争，我就像

一个在火线不能离开岗位的士兵一样无权退下来。

就我自己来说，我不想再竞选了。到明年春天，我就做了12年总统和武装部队总司令了。

一周后，民主党全国代表大会在芝加哥召开，罗斯福此时正在圣迭戈，欲从那里乘船到珍珠港。

罗斯福在圣迭戈海军基地的一节火车车厢里广播了接受提名的演说，提出了他的竞选主题。"1944年我们的任务是什么？"他说道：

第一，赢得战争，迅速赢得战争，以压倒优势赢得战争。

第二，成立世界性的国际组织。

第三，为我们即将回国的战士和为所有的美国人建立一种经济体系,它将提供就业机会，带来像样的生活水平。

为此，罗斯福在着手制定的一项新的经济权利法案中提出了这样的蓝图：

人们有权从事有益的有报酬的职业；

人们有权挣得足够的收入，以便提供充分的衣食以及娱乐；

每个农民都有权种植和出售农作物，其收益足以使他和他的家庭过着像样的生活；

每个商人，不论大小，都有权在不受国内外不公平的竞争和垄断者控制的气氛中进行贸易；

每个家庭都有权拥有像样的住宅；

人们有权享受适当的医疗；

人们有权得到适当的保护，在经济上不必担心年老、疾病、事故和失业；

人们有权接受良好的教育；

所有这些权利意味着安全。战争胜利后，我们必须准备落实这些权利，去实现使人民过幸福美满生活的新目标。

在从圣迭戈海军基地乘船到珍珠港的途中，罗斯福同尼米兹和麦克阿瑟商讨今后太平洋的战略。

大会首轮投票就通过了对罗斯福的提名，但在副总统候选人上争夺激烈。鉴于罗斯福的健康问题已是有目共睹，许多代表认为选择一个竞选伙伴就等于选择一个下届总统。

由于广泛的反对，罗斯福才勉强地舍弃了现任副总统华莱士，尔后艰难而让人意外地从三名人选中择定来自密苏里州的参议员、谦逊朴实而又性情暴躁的哈里·杜鲁门。

罗斯福总统与杜鲁门关系一般，杜鲁门在主持参议院军事调查委员会工作时，显示了精明强干的领导才能。总统打消了几乎没有思想准备的杜鲁门的顾忌和畏难情绪。

共和党选出了一名温和而富有才智的人，他就是年仅42岁却已有10年纽约州州长资历的托马斯·杜威。麦克阿瑟将军经慎重考虑已于5月间自行宣布退出竞争。

杜威在全国巡回演说，发表的基本上是经过仔细推敲的、一般来说又是无懈可击的演说，以便多方考虑如何最大限度地争取共和党的选票，同时又不引起战时特别的震荡。他不攻击政府的外交政策，也不攻击罗斯福的竞选目标。

他反复强调现政府是一群"累坏了的老头子"，他还提到罗斯福政府和临时机构中经常发生的口角、争吵和不合体统的勾心斗角。这两点确难反驳。

关于罗斯福的身体状况，一时有许多难听的谣传，无稽的和难以置信的恶意中伤层出不穷，但又并非完全是空穴来风。

一张罗斯福在太平洋旅行前被人拍摄的照片，面容枯槁、有气无力、目光呆滞而又容易发怒的样子，被报刊和共和党广为散播。

8月，他在西雅图向全国发表广播演说，当时他穿戴着腿部支架，阵阵剧痛迫使他要用手臂的全部力量抓住演讲台来支撑住自己，这使得他在翻转讲稿时十分吃力。同时也使得他通篇演讲显得结结巴巴和主意不定，而听众以前听惯了的那种由言语表达出来的镇定、自信和愉快的信念没有了。

自此，民意测验出现了波动。《纽约每日新闻》每期都一成不变地向读者强调这样一个基本事实：罗斯福已经62岁，而杜威比他年轻20岁。

《纽约太阳报》甚至毫无忌讳地谈论副总统有可能在罗斯福任内接任的问题。

罗斯福为了使选民安心，请他的医生罗斯·麦金太尔给他开具一张公开的健康证明书。证明书宣称：

他的器官毫无毛病，完全健康。他每天担任非常繁重的工作，但他能担负起来，精力过人。

为了证明麦金太尔所言非虚，罗斯福在天气酷寒、朔风凛冽、骤雨刺肌的10月21日，乘敞篷汽车横贯纽约市四个辖区，行程80多公里，历时4小时。

雨水淋透了罗斯福全身，黑色的海军斗篷闪闪发亮，成千上万的美国人亲眼目睹了总统保持着他的微笑，罗斯福一路坚持着让大家看到他。

在随后的两周里，罗斯福又前往费城、芝加哥、波士顿，最后是在海德公园作了演说。其中在费城又逢大雨。

总之，在1944年的大选中，罗斯福的健康情况成了一个学术问题。

在整个竞选中，细心的听众不难发现，总统确实苍老了：拿着演说稿的手不时颤抖，机智与诙谐明显地少了些，有时还出现了意外的停顿或含混。不过在答复共和党对"我的小狗法拉"的诽谤时，面对卡车司机工会的听

众，罗斯福作了被许多撰稿专家认为是他政治生涯中最精彩的演说：

> 好啦！我们又在一起了。这是在4年之后，这4年是什么样的年头啊！我的确老了4岁，这似乎使某些人感到恼火。
>
> 其实，自从1933年我们开始清除堆在我们身上的烂摊子的那个时候算起，我们千百万人都老了11岁。

平易近人的话语引起听众深深的共鸣，一下子把大家拉回到大萧条与新政的年代，轻便有效地打发了对他是个"累坏了的老头子"的谴责。罗斯福进而说道：

> 在共和党中有着开明的心胸宽阔的分子，他们为使该党现代化和跟上美国进步的步伐，一直很努力而又体面地战斗着。
>
> 不过共和党中这些开明分子却不能够把老保守派共和党人从他们所盘踞的地盘上赶跑。
>
> 在我们绝不动摇地建立牢固的和平基础的决心中，全国千百万共和党人是同我们站在一起的。
>
> 他们同样讨厌由这样的人作出的这种竞选演讲，这些人只是在短短几个月前才第一次认识到国际生活的事实，当时他们才开始研究民意测验的记录。

以这种气势讲出带有超越党派局限和这次竞争本身的话，也只有罗斯福才真正具备这种资格，因而具有极大的统摄力和强烈的感召力。

值得一提的是，总统夫人埃莉诺在这次竞选中再次充当了总统了解国情的窗口。

她力劝罗斯福把国内问题放在他心目中的首要位置。她觉得，如果总统不能始终坚持竞选中有关国内方面的诺言，他在外交政策方面就有失去美国

041

舆论拥护的真正危险。

埃莉诺不仅出色地尽了一位妻子的责任，而且充当了"自己丈夫的良心的保持者和经常的代言人"，而且在他死后仍然保持着这一令人尊敬的姿态。

1944年11月7日，罗斯福以多数票获胜。1945年1月20日，罗斯福第四任总统就职典礼仪式在白宫举行。

公开的理由是，战时不应搞铺张排场。但不少人心里明白，总统已经衰弱得没有力气经过宾夕法尼亚大街这条长长的游行路线去参加就职典礼了。

罗斯福总统对这次就职仪式似乎只提出了两个要求。

一是让远在海外的詹姆斯回来，他可以像前三次那样搀扶着儿子站立着；

二是让他那散居各地的孙儿女们都在场。

不久，蝉联四届的罗斯福总统向第七十九届国会提交了1945年度《国情咨文》，为那倾注了他极大心血的联合国组织呼吁支持和理解。

罗斯福在《国情咨文》中就建立世界和平组织说：

持久和平赖以为基础的国际合作并不是单行道。1945年这新的一年可以成为人类历史上成就最大的一年。1945年可以看到纳粹法西斯恐怖统治在欧洲的告终。

1945年可以看到讨伐大军紧缩对帝国主义日本邪恶势力中心的包围。最重要的1945年可以看到而且必然看到世界和平组织的实质开端。

在第二次世界大战中，筹划一个更加符合美国利益的战后世界是罗斯福一直在思考的工作，同时他也谨记着威尔逊的教训，避免重蹈覆辙。

随着美国的参战，原先一直充斥于美国政坛的孤立主义一扫而光，连比较保守的共和党也一致主张"美国有责任参加主权国家间的战后合作组织

来防止军事侵略，在一个自由世界里用有组织的公平原则来维持永久的和平"。

美国参议院也以85票对5票公开表示赞成美国和其他国家合作，共同建立一个"有力量防止侵略，维护世界和平的国家权力机构"。而且丘吉尔和斯大林也多次表示，希望建立维持战后和平的国际组织。

在此情况下，罗斯福于1942年提出了他最初的"四警察"设想，打算采取"铁路警察，各管一段"的办法，由美、英、苏、中四大国分管美洲、西欧、东欧和亚洲的地区安全，在此基础上，再组成区域组织的国际联合。

但国务院等机构经过深入研究以后认为，此设想未能体现美国理应承担的"世界领导"责任。

1943年，美国实力空前壮大，不仅拥有与苏联不相上下的武装力量，而且作为民主国家的兵工厂，在反法西斯战争中起着无可替代的作用，很自然地成为"联合国家"的核心。

罗斯福感到，此时正是实现他的伟大抱负的良机，他不仅具备过去多年担任总统的丰富经验以及头脑里有着对世界和平问题毕生研究所获得的思想精华，而且还赢得了行将与之合作的许多外国政治家的友谊和信任。

此外，他在世界各国享有无与伦比的个人威望，有世界舆论的广泛支持。他深信，他拥有的得天独厚的条件，定能为美国和世界和平创造一项千秋功业。

罗斯福重新设计了他的未来世界的蓝图，这就是把原来的"四警察"设想和国际安全组织糅合起来，在已有的国际反法西斯联盟的基础上，建立一个常设的国际安全组织——联合国。

考虑到眼前美、英、苏三家鼎立局面，为保证美国在未来的联合国中的优势地位，罗斯福认为有必要预做安排，即为美国寻找一个可靠的支持者。他选中了中国，因为中国国民党政府向来奉行亲美政策。

当1943年莫斯科外长会议讨论《普遍安全宣言》时，美国国务卿赫尔对苏联外长莫洛托夫说："我的政府认为，中国已经在世界范围内作为四大国

之一进行战争。对中国来说，现在如果俄国、大不列颠和美国在宣言中把它抛在一边，那在太平洋地区很可能要造成可怕的政治和军事反响。"

莫洛托夫承认赫尔言之有理，于是通过外交途径商定，由中国驻莫斯科大使傅秉常受权与三国外长一起在宣言上签了字。

一个多月后，中国领导人蒋介石又作为大国首脑与罗斯福、丘吉尔举行了开罗会议。这样，中国在名义上就成为"四大盟国"之一。

罗斯福关于建立联合国的构想很快取得了英、苏两国的赞同，并且出现了最初的联合国组织，这就是1943年11月由美牵头建立的"联合国善后救济总署"。

它的任务是"向受战争破坏地区的人民提供衣、食、住、行、医疗"等方面的援助和服务，以创建一个"更加稳定的世界"。联合国善后救济总署的成立及其活动，为以后联合国的建立提供了经验。美国很快就控制了总部设在华盛顿的联合国善后救济总署，显露出世界霸主之相。

罗斯福甚至未与各成员国商量，就任命美国人赫伯特·莱曼为联合国善后救济总署首脑，各国只好接受既成事实。

实际上，尽管英、苏赞成建立联合国，但在这个国际组织的某些细节上并未取得完全一致。罗斯福也意识到了这一点。

1943年12月，"三巨头"在德黑兰聚会，主要商讨开辟欧洲第二战场问题。罗斯福决定利用这一机会，先争取三大国在原则问题上达成协议，而把具体分歧留待以后去解决。

他知道，一旦涉及具体问题，丘吉尔和斯大林都不好对付，但如果他能诱劝他们表态支持某些基本的原则，那么一旦签订和约，现在他们所作的那些笼统含糊的承诺，到时候就会发挥某种杠杆作用。

这些基本原则是：新的国际组织以各国人民自由平等为基础，将比过去的国际联盟更具备强制性的有效手段，它要像警察部队那样，迅猛地扑灭战争的星星之火。

斯大林和丘吉尔热烈赞同这样一个联合组织，大家一致同意罗斯福竭力

坚持的基本原则。

德黑兰会议后，美国加紧为联合国的成立作具体准备。此时，美国财政部长亨利·摩根索向罗斯福提交了一份意义深远的计划，建议成立国际金融组织，促进美国外贸，避免1929年经济大危机重演。

罗斯福看到该计划使他的战后世界蓝图更加完善，欣然接受。

在美国的积极倡导下，1944年7月1日至22日，来自44个国家的代表在美国新罕布什尔州的布雷顿森林举行"联合国货币金融会议"。

会议通过的《最后决议书》规定，建立以美元为中心的世界货币体系，即各国货币直接与美元挂钩，保持固定汇率，可按35美元等于1盎司黄金的比价，随时在美国兑换黄金。

为此，会议成立了"国际货币基金组织"及其附属机构"国际复兴开发银行"（又称世界银行）。由于美国认购了世界银行91亿美元资本中的31.75亿，并拥有基金组织中三分之一的表决权，因而从一开始，美国人就从人事和资金上完全控制了这两个机构。

接下来，四大国的外交代表于1944年8月至10月在华盛顿的敦巴顿橡树园召开会议，讨论建立联合国的具体组织事宜。

美国国会两院也已分别通过了《康纳利决议案》和《富布莱特决议案》，保证支持美国参加战后国际组织。

为了营造四大国亲密和谐的会议气氛，罗斯福在白宫举行的欢迎会上发表了即席讲话。

他说："这种会议常使我想起一位名叫阿尔弗雷德·史密斯的先生的老话。此人当过纽约州州长。他对解决劳资之间的问题是非常得心应手的……他说，如果你能把各方请进摆着一张大桌子的房间，让他们脱去上装，把脚跷到桌子上，再给他们每人一支上等雪茄，那么你总能使他们谈到一块去的……你对熟悉的人怎么恨得起来？……我知道你们就是本着这种精神来工作的。"

他希望四大国成为朋友，"把脚跷到桌子上"。

　　在敦巴顿橡树园会议上，四国就联合国组织的总形式和许多具体细节都达成了一致。

　　会议通过的《关于建立普遍性国际组织的建议案》，规定了联合国组织的宗旨与原则，以及联合国大会、安全理事会、秘书处等重要机构的组织权限。

　　但在安理会的否决权问题上，美苏发生了严重分歧。

　　苏联坚持要求保证常任理事国的绝对否决权，美国则认为，作为当事一方的常任理事国不能否决有关讨论和行动。

　　苏联还担心联合国大会中会形成美国为首的美洲集团和英联邦集团，因而提出接纳苏联16个加盟共和国同时成为联合国成员国。对此，美国以自己有50个州也应有50个席位予以反驳。

◇ 罗斯福和艾森豪威尔

这两个问题最后未能达成协议。

1945年2月，美英联军和苏联红军开始从东西两翼向德国腹地进攻，德国法西斯覆灭在即。随着军事胜利的到来，三大国尽快达成战后安排显得格外重要。

作为联合国组织的"总设计师"，罗斯福的心情更为迫切。然而现实的问题是，他必须找到排除最后障碍的办法。他仔细分析了他的两个对手，觉得他们都不会轻易放弃自己的民族利益。

由此他意识到，绝不可能把旧世界的一切推倒重来，用全新的材料建筑国际大厦。

相反，只能在一个被毁坏的文明世界的废墟上动工，清除那些无用而碍事的瓦砾，利用留存下来的完好结构，这里补上一些砖瓦，那里安上一个新拱门。

想通了这个道理，他决定作出必要的妥协。

1945年2月4日至11日，"三巨头"在苏联克里米亚半岛的雅尔塔再次聚首。

这次会议经过各方共同努力，在下述问题上达成一致：

关于大国否决权问题，三国同意，安理会常任理事国不论是否当事国，对实质性问题均有否决权；

关于代表席位问题，苏联撤回在联大拥有16个席位的要求，美英则同意白俄罗斯和乌克兰拥有联大的正式代表权；

关于托管地问题，美国同意，联合国托管范围仅限于战败国的殖民地，国联的委任统治地和自愿交由联合国托管的地区，不再坚持原来的所有殖民地都交联合国托管的主张，从而满足了英国的要求。

会议还决定于4月25日在美国旧金山召开联合国成立大会。至此，有关联合国组织的问题终于得以妥善解决。然而就在旧金山会议召开前夕，1945年4月12日，一代伟人罗斯福却因心血耗尽而猝然长逝，他终于未能亲眼看到他精心设计的联合国组织的诞生。

罗斯福总统的遗体运回华盛顿后，并没有像以前的林肯总统和后来的肯尼迪总统的遗体那样，停放在国会大厦圆形大厅供人瞻仰。他生前不希望那样做，他的遗愿得到了尊重。

4月12日19时9分，白宫外聚集着黑压压的人群，他们只是默然伫立。其实这时在白宫内阁会议室，哈里·杜鲁门正由首席大法官哈兰·斯通主持宣誓就职，成为美国第三十三任总统。

白宫外的人们觉得那没什么可看的，也没打算看到什么，大家的脑子空洞而又茫然。

许多人在哭泣，泣不成声的人们不仅是在为引导了他们12年之久的总统哭泣，更是在为他们自己失却了这种依托后无法预期和把握的前途哭泣。

罗斯福是在战争的最高潮的时刻，而且正当最需要他的权威来指导美国政策的时候死去的。

罗斯福逝世的消息，迅速地传遍了全世界，反法西斯国家的人民都沉痛地悼念他。

在英国唐宁街10号，丘吉尔首相感到"挨了一记重击"，感到一种深重的无法置换的损失降临了。几天后，首相在圣保罗大教堂的追悼仪式上失声痛哭。

丘吉尔在他的回忆录中写道：

关于罗斯福总统，我们可以说如果他当时没有采取他实际上采取的行动；如果他心中没有感受到自由的汹涌波涛；如果在我们亲身经历过的极端危难时刻，他没有下定决心援助英国和欧洲；那么人类就会陷于可怕的境地，在若干世纪之内人类的整个前途就将沉沦于屈辱和灾难之中。

在克里姆林宫，斯大林神情黯然，他默默地"紧握着哈里曼大使的手约有30秒之久还没有请他坐下"。随后，极度悲伤的元帅凝重而细致地询问总

统去世前的情况。莫斯科红场下了半旗，旗帜围上了黑边。

中国共产党《新华日报》以"民主巨星的陨落，悼罗斯福总统之丧"为题，发表了悼念社论。

一代伟人罗斯福猝然长逝。载着灵柩的总统专列缓缓北行，沿途露宿等候瞻仰灵车的人无以数计。车过亚特兰大，一群黑人女佃农跪在棉田里，双手紧攥，伸向灵车致哀。

14日10时，海军陆战队、坦克部队、陆军和各兵种的女兵护卫覆盖着黑丝绒和星条旗的灵车穿过华盛顿的街道。六匹白马拉着载有灵柩的炮车，车后是一匹孤独的乘马，戴着眼罩，马镫倒悬，垂挂着一把剑和马靴象征勇士已撒手尘寰。肃穆的人群立在街道两旁。

当晚，灵柩由专列送往海德公园。次日上午10时许，罗斯福复归大地。哈得孙河水呜咽地流淌。

罗斯福虽然没有看到反法西斯战争的最后胜利，但他足可以为身后的一切欣慰：在他逝世25天后，作恶多端的德国法西斯宣布无条件投降；在他逝世3个多月后，日本法西斯也投降了。

风云人物

丘吉尔

  温斯顿·丘吉尔，英国著名政治家、作家，1940年和1951年两度任英国首相；1953年因创作《不需要的战争》获得诺贝尔文学奖。第二次世界大战爆发后，丘吉尔担任战时内阁首相，并兼国防大臣。丘吉尔政府拒绝德国的诱和，坚持对德作战，同时争取美、苏参战。为了保卫不列颠群岛，他还亲自视察海防、空防设施，为抗击侵略作出了卓越的贡献。

从随军记者
到内阁大臣

温斯顿·丘吉尔生于1874年11月30日。他在18岁时考入桑赫斯特皇家军事学院骑兵科。

1896年秋，丘吉尔随第四骠骑兵团到了印度，被编入班加罗尔驻防部队。在班加罗尔的岗位上，丘吉尔有不少自由支配的时间，他决定好好地利用。他往往连续打几小时马球，最后成了一名优秀的马球手。他也开始给自己补上在学校中未能学到的那些知识。

丘吉尔刻苦努力，专心致志，在短短的时间内阅读了历史、哲学宗教和经济方面的书，从中汲取了大量的营养。

加之他有出类拔萃的才干，所以后来他不仅成为著名的国务活动家，而且成为举世闻名的著作家。

1899年10月，英布战争拉开了序幕。丘吉尔作为《晨邮报》记者随军奔赴南非。

丘吉尔一来到前线，就迫不及待地随部队参加了一次侦察行动。他们乘装甲列车深入布尔人占领区，遭到了狙击，几节车厢脱了轨，机车和部分车厢被阻塞。

丘吉尔不是军人，但他奋力使机车和剩下的车厢脱离火力网，抢救伤员，并把装甲列车上的人员带到安全地带。他还趁着他的老朋友、步兵指挥官霍尔登用火力掩护装甲列车的时候，费了九牛二虎之力，在枪林弹雨中排除了道路的阻塞，使机车带着几节剩下的车厢往回开动了。

但是撤退并不顺利，先是霍尔登和他的士兵被俘，接着丘吉尔也被南非

民兵俘虏了。

丘吉尔被带到了敌军的俘虏营，后来随一批英国俘虏被送到司令部，大难不死，辗转到了比勒陀利亚，关在国立师范学校里。

丘吉尔再三要求把他作为随军记者予以释放，但毫无结果。于是他同霍尔登和另一名军官准备逃走。

一天晚上，趁着卫兵打瞌睡的时候，丘吉尔爬出了学校的围墙。他的两个同伴没有来得及跟他逃出来。

丘吉尔落在敌人的这座城市里，没有伙伴，没有武器，远离前线。他决定奔向铁路，以便乘火车穿过布尔人控制区，逃往葡萄牙殖民地。在比勒陀利亚街上，没有人拦他。

他来到铁路旁，爬上缓缓开来的货车，藏在一堆装过煤的空袋子下面。

丘吉尔

黎明时分他下了火车，因为担心白天卸煤袋子时会被人发现。

他的这种担心不是多余的。布尔人正在竭力搜寻逃跑者。他的脑袋被悬赏25英镑，钱倒是不算多。

第二天晚上，丘吉尔未能像他打算的那样爬上过往的火车继续赶路。夜里，他忍受着饥饿，疲惫不堪、垂头丧气地向着一所窗口亮着灯的房子走去。

他这样做，冒着重新落到布尔人手里或者被告密的巨大危险。但是他这次很幸运，原来这是在几十千米之内唯一的一个英国人居住的房子。

布尔人留下这个英国人是要他照料已被封闭的煤矿的。这个英国人同自己的朋友们一起把丘吉尔藏到矿井里。过了几天，布尔人不再搜寻了，这个英国人就把他藏到开往葡萄牙殖民地的一节货车车厢里。

1899年12月19日，丘吉尔逃到了葡萄牙控制的殖民地。

在南非的奇遇出乎意料地给温斯顿·丘吉尔带来了巨大的政治资本。他一获得自由，就立即向《晨邮报》发了一份描写他从战俘营逃跑的详细报道。丘吉尔没有提及那位把他藏起来的英国人，以免给他带来危险。这篇报道被当做惊险小说阅读，吸引了公众的注意。

丘吉尔回到南非的德班时，英军司令部把他当做英雄热烈欢迎。欢腾的人群争先恐后地向他涌来。

围绕丘吉尔出现的这种喧闹场面，不是没有原因的。在他出逃的一周内，英国军队在南非又遭到一连串的严重失败。这是英国人自克里木战争以来遭到的最大损失。

在英国和布尔人的战争史上，这一周被称为英国军队的"黑暗的一周"。丘吉尔英勇无畏地、成功地逃脱危难，是"黑暗的一周"中唯一的亮点。

为了转移各界的注意力，英国报刊抓住丘吉尔的奇遇大做文章。报刊把他逃出俘虏营的事当做轰动一时的新闻刊登，过分地夸大了他的冒险经历，甚至杜撰了一些绘声绘色的细节。一个投降被俘的记者，就这样摇身一变成

了民族英雄。

丘吉尔的传奇经历，彻底改变了他的不利局面。布勒将军不但接见了他，还不顾禁令将他编入了部队。

丘吉尔从南非归来，成了英国的民族英雄，同时也获得了政治资本，为自己跻身议会打下了坚实的基础。有11个选区询问他是否愿意代表他们去当选议员。因此丘吉尔的名字，不仅传遍了英国，而且随着电波扩散到了全世界。

1908年，丘吉尔进入内阁，担任贸易大臣。在随后的数年间，他担任过五六种内阁职务，他带着无穷的兴致与巨大的活力来对待每一项任职。

作为贸易大臣，丘吉尔带头提出一系列倡议，为现代英国奠定了基础。

尤其是任内务大臣期间，他改革制度，规定煤矿工人8小时工作制，提出井下应安装安全设备；他禁止秘密雇用14岁以下的童工，规定店员有权工间休息，设定最低工资线；在全国设立职业介绍所以减少失业，并对监狱制度作了重大改革。

19世纪后期至20世纪初期，英德之间的矛盾日益尖锐化。1911年7月的一天，德国皇帝威廉二世乘坐"豹子号"炮艇来到摩洛哥渔港阿加迪尔，派了一些人登陆视察，接着又悄然离去。此举不仅是警告法国在非洲的扩张，而且是表明德国觊觎非洲的强烈意向。

此时，伦敦正沉浸在一片欢乐饮宴、歌舞升平之中。一向爱管闲事的丘吉尔，惯于对本部职权以外重大问题发议论，提建议。于是，他给内阁成员送去了厚厚的一摞备忘录。

丘吉尔认为英国海军盖世无双，不把后起的德国海军放在眼里。两年前在议会中他曾把海军大臣提出要造6艘装备13.5英寸口径大炮的主力舰计划视为惊慌失措，并且因担心实行社会改革计划缺钱而激烈地反对增加海军预算拨款。

现在，丘吉尔猛转180度，得出英德战争不可避免的结论，成为未雨绸缪的积极备战派。

055

1911年8月23日，帝国防务委员会举行会议，听取陆军部和海军部关于战略计划的报告。会议同意了丘吉尔备忘录中关于战争主要将在法德两国陆军之间进行，战争一爆发，英国即向法国派遣远征军的意见。

帝国防务委员会议还证实，海军在保证英国远征军安全渡过英吉利海峡赴欧洲大陆与法国并肩作战这一问题上，没有作任何计划。为此，首相阿斯奎斯决心更换海军大臣麦克纳。

阿斯奎斯决定加强海军部，拟调丘吉尔去接替海军大臣麦克纳。尽管丘吉尔行为有些古怪，过分热心地对别人主管的工作评头品足，引起比他年长得多的内阁成员的反感，但他在贸易和内政大臣岗位采取的积极行动，显示出他是个富有坚强毅力、决心和组织能力的治国人才。

1911年9月下旬，阿斯奎斯征求丘吉尔对改任新职的意见。

丘吉尔觉得大战将临，海军部的工作大有用武之地，加之舆论对他镇压劳工运动大加挞伐，自己名声已臭，不想在内政部再待下去，宁肯改任官阶较低的海军大臣，便满口答应了首相。

1911年10月25日，丘吉尔以一个工作狂的面目出现在海军部。他一上任，立即在海军部建立了参谋人员值班制度，规定值班人员在必要情况下应发紧急警报。他极力造成一种临战气氛，促使部内各级人员相信来自德国的进攻已迫在眉睫。

丘吉尔在办公室的墙上挂了一幅北海大地图，他让参谋人员用小纸旗在图上标出德国海军兵力部署的变动情况。他认为这不仅可以使自己一上班就能详细了解敌方舰队的活动情况，还可以使自己和海军部的同事"经常保持敌情观念"。

丘吉尔把家搬进了海军部大楼。他经常乘坐皇家海军的"魔女号"快艇外出视察海军部队，几乎走遍了所有最主要的海军基地，视察了所有的大型军舰，详尽地掌握了海军各方面的第一手资料。

丘吉尔仿效陆军，在海军创设作战参谋部，把指挥权集中到自己的手中。他接连更换了年老资深但观念陈旧的第一、第二部务委员。他在朴茨茅

斯开办海军作战学院培训参谋人员。

丘吉尔将大臣同几位部务委员集体决策的传统工作方式，改变为向部务委员发号施令，引起一些将领的不满。但是他的改革却在下级军官和水兵中大得人心：提高了下级军官的待遇，取消了对犯轻微过失者的体罚，提高了士兵的薪饷，让优秀士兵有机会升任军官。

海军《舰队》月刊主编说，英国"海军历史上没有一位大臣比丘吉尔更确实地对海军士兵的处境表示过同情"。

丘吉尔决定改用昂贵的石油替代煤炭作为军舰燃料，从而大大提高了航速。英国当时不产石油，丘吉尔说服政府，以200万英镑之巨资成立英国-伊朗石油公司并购得其控制权。

丘吉尔还决定改进舰艇装备，包括将主力舰上13.5英寸口径炮换成15英寸的。后来实践也证明了他的决定的正确性。

丘吉尔本来不懂海军，但他"在养兔场内到处打洞"的一系列举措却搞得有声有色，短期内就大大提高了英国海军战斗力。他成功的秘诀是请学识渊博的海军上将约翰·费希尔当顾问，虚心请教，在实践中学习，迅速地使自己从外行变成了内行。

后来，当丘吉尔离开海军部时，原陆军大臣基奇拿对他说："您永远可以引以自豪的是，您已使英国舰队做好了充分的战争准备。"

1914年7月28日，第一次世界大战爆发。在大战爆发前，丘吉尔就在7月中旬把一年一度的例行军事演习改为战争动员训练，通过动员训练，舰只和全体海员都做好了打仗准备。

1915年1月，丘吉尔批准了海军攻占达达尼尔海峡的计划，但最后海军却无法攻下该海峡，并付出了巨大代价，使得英国在战事之初的优势丧失，丘吉尔成为保守党猛烈攻击的对象。

1915年5月，决定要与保守党人共组联合政府的阿斯奎斯首相免除了丘吉尔海军大臣的职务，派他出任内阁中地位最低的不管部大臣。

被排挤在政治圈之外的丘吉尔决定辞职，赶赴法国前线亲自参加战争。

057

从见习到带兵，丘吉尔在部队基层生活了。在风雪交加的肮脏战壕里，白天冒着敌人炮火袭击的危险，晚上蜷手缩脚躺进睡袋，他似乎享受到了同士兵们在一起过艰苦生活的乐趣。但他渐渐意识到，自己的战场应该是在内阁，而不应是真正的战场。所以，1916年5月，丘吉尔卸任皇家苏格兰毛瑟枪团第六营营长，并放弃了中校军衔，回到议会。

1916年9月，达达尼尔海峡战事调查委员会成立，次年1月该委员会发表报告，将事件的主要原因归咎于首相阿斯奎斯和陆军大臣，而丘吉尔在事件中的责任被认为不是那么重大，这份报告的发表为丘吉尔重新在政坛崛起提供了契机。

1917年7月，自由党党魁劳合·乔治宣布任命丘吉尔为军需大臣。乔治原本准备让丘吉尔担任更高的职务，但是因与自由党组联合政府的保守党人的坚决反对而作罢。即使是任命丘吉尔为军需大臣也引起了一场大风波，舆论与保守党人士都表示强烈的反对，但是在首相的坚持下丘吉尔照常上任。

丘吉尔在军需大臣任内推动了多项对今后战争产生深远影响的新发明，包括坦克、飞机和化学毒气。在丘吉尔的提议下，英国迅速扩大了坦克的生产规模，推动飞机在战争中的应用。

1918年11月，英国举行一战后的首次大选，选后丘吉尔在内阁内兼任陆军大臣和空军大臣两项职务。他开始对英国军队进行调整，并且主张积极干预俄国内战。

1921年，丘吉尔转任殖民地事务部大臣，兼任空军大臣，开始与爱尔兰新芬党谈判，最终允许爱尔兰成为英帝国内的一个自治领。

1922年的大选中自由党惨败，丘吉尔本人也在自己的选区中意外失利。多年的战争使得选民变得左倾，原本支持自由党的选民大批大批地倒向工党。

1923年的选举中丘吉尔再度落败，工党则获得胜利，组建了第一个工党政府。丘吉尔意识到自由党的势力已经开始衰败，很难再成为政坛上可以与保守党抗衡的政治势力，于是他逐渐疏远自由党，转而向保守党靠拢。

1924年3月的补选中，丘吉尔以"独立的反社会主义者"身份参选，提出自由党等其他所有反对党都应该向实力较强的保守党靠拢。最后选举结果丘吉尔还是以43票之差落败。著名的社会主义者、剧作家萧伯纳在竞选期间写了一封信给丘吉尔，讽刺他的对俄政策，称他为无法支持花了英国人"1亿英镑试图将俄国的时钟拨回封建时代"的人。

1924年夏，刚刚成立了9个月的工党政府倒台，丘吉尔代表保守党参选以高票当选，并被首相斯坦利·鲍德温任命为财政大臣，这是内阁中地位仅次于首相的职位，也是丘吉尔父亲曾经担任过的职务。但是丘吉尔本人对财政一窍不通，在任内推动了英国重新采用金本位制，这一决策后来被著名的剑桥大学经济学教授凯恩斯批评，给英国经济带来负面影响，金本位制最终在1931年被取消。

1929年5月，英国再度举行大选，这次选举中丘吉尔本人虽然险胜，但是保守党和自由党在全国范围内惨败，拉姆齐·麦克唐纳的工党政府重新执政。这段被称为"在野岁月"的日子是丘吉尔政治生涯中的最低潮，他在议会中除了批评政府提出的印度自治方案，并决定与国大党谈判外，大部分时间用于写作，包括已经在连载中的《世界危机》以及《我的早年生活》，还有一本关于祖先马尔巴罗公爵一世的传记。

督促政府
抑制德国霸权

20世纪30年代对英国和丘吉尔来说都是苦难的年代。这时英国经历着经济大萧条，丘吉尔返回政府工作的前途渺茫。他只好带着家人去美国旅游，或是住在郊区的别墅里写作。

他在美国遇到了车祸。当时，他正在纽约第五大街徒步行走，他忘记了纽约的交通规则和伦敦不一样，不是靠左而是靠右通行。横过马路时他只管往右侧看，看右前方没有车就只管往前走。就在这一刹那，丘吉尔听到了刺耳的刹车声，同时感到被汽车撞上了。

他被抬到人行道上时已经失去了知觉，骨头断了15根，遍体擦伤体内出血。他被救护车送往医院。在医院他不得不度过一些不愉快的时光。值班医生首先要问清楚患者的家庭收入，以判断他是否有能力支付医疗费。

丘吉尔忍着巨大的伤痛，总算说清了自己的支付能力，才被抬到了手术台上。

丘吉尔很快康复了，他不甘心就此在政治上寂寞下去。一个人在战场上阵亡就完了，而在政治上下野却能东山再起。丘吉尔的经历无疑证明了这一点。

20世纪30年代，丘吉尔曾几次试图返回政府，并为此进行了处心积虑的斗争，可是他都失败了。但他还是不放弃。丘吉尔是不知道"放弃"一词为何意的。

当然，20世纪30年代的丘吉尔仍然是下院议员，他经常去议会演讲，发表自己的政见。

在20世纪30年代中期，丘吉尔讲演的话题和注视的重心由印度转到德国。

在此期间，德国的纳粹党正勃勃兴起，他们在复仇和准备新战争的旗帜下，攫取了德国政权。当时英国许多人考虑这将威胁英国在欧洲的利益。

1933年1月30日，希特勒出任总理，给德国以至欧洲带来了严重的不安。他强烈反对共产主义，反对民主主义，反对犹太主义，并叫嚷着要把日耳曼民族统一在德意志帝国周围。

与此同时，希特勒还在加紧扩军备战。根据《凡尔赛条约》规定，德国只准许拥有10万陆军。但是，1933年10月，希特勒退出了世界军备会议和国际联盟，继而又废除了《凡尔赛条约》中限制军备的条款，他还明目张胆地以挑衅的姿态向全世界宣告，德国拥有36个师团计55万陆军。

不仅陆军如此，《凡尔赛条约》规定不得拥有飞机的德国空军，也具备了英国空军的三分之二的力量，并具有很快超过英国的潜力。

希特勒在德国上台后，丘吉尔越来越多地在思考纳粹的威胁这个问题。他意识到，纳粹分子上台后，德国军国主义复活，这不光给苏联，也给英国利益带来致命的危险。

在日内瓦裁军会议上，有些英国政治家要求给予德国以"平等的军备"。

丘吉尔

丘吉尔反对说："德国要求军备平等是危险的。只要德国的怨恨和不满尚未消除，它获得与其邻国完全平等的军备，欧洲大战的重新爆发就指日可待了。"

1933年，德国退出裁军会议和国际联盟，使丘吉尔感到从此可以放手重整英国军备。这方面，丘吉尔认为技术装备在20世纪的战争中具有决定力量。他把注意力放在空军上。他考虑到，巨大的水上障碍——英吉利海峡把英国和欧洲大陆分开，这种情况使英国最担心的是德国空军。

丘吉尔非常注意德国空军的发展，并尽力促使迅速改组英国空军。丘吉尔在下院发表的有关这个问题的演说是合情合理的，也是成功的。

丘吉尔的演说证明，他无论是对德国的动向还是对英国军事装备的现状都了如指掌。丘吉尔在政府中没有任何正式职务，却能掌握确实可靠的现实资料，并能根据这些资料得出自己的结论，这些结论日后证实是正确的。

丘吉尔在第二次世界大战前夕的一些讲话以《英国仍在沉睡》为题汇集成册发表了。这个集子出版后，在英国人民中间产生了巨大反响。

丘吉尔一再强调德国空军的严重威胁。他说：

> 过去海军是英国的可靠后盾，现在不能这样说了。可恶的空战方法的发明和改进，从根本上改变了我们的地位。我们已经不是20多年前那样的国家了。

1934年11月，丘吉尔向国王表达了自己的观点，英国国防中的空军实力不充实，他认为德国不足一年将在空军上赶上我们，甚至超过。鲍尔温起初不赞成，但半年后他公开承认丘吉尔的看法是对的。

1936年3月底，丘吉尔在保守党外交委员会阐述了他多年来所遵循的欧洲外交政策的原则。

丘吉尔说：

英国400年来的对外政策就是反对大陆上出现最强大、最富于侵略性和最霸道的国家，特别是防止比利时、荷兰、卢森堡落入这些国家手中。从历史上看，在这4个世纪中，人和事，环境和情况已经发生了变化，而这个目的却始终如一。

根据这一原则，丘吉尔提出一个问题：今天究竟哪一个国家是最强大的并且力图称霸欧洲呢？

丘吉尔认为："德国正在以历史上前所未有的规模扩充军备，他们很快就不得不在经济财政崩溃或者发动战争这二者之间作出选择，而这个战争的唯一目的，如果取胜的话，其唯一结果，就是纳粹统治下的德意志化的欧洲。"

丘吉尔认为在这种情况下，英国必须再一次联合欧洲的一切力量来约束、抑制，必要时挫败德国的霸权。

丘吉尔当时不在政府，但他的演讲影响了许多人，为日后英国做好战争准备产生了作用，也为他自己以后东山再起创造了条件。

1937年5月28日，鲍尔温由于年迈辞去首相职务，继任他的是内维尔·张伯伦。丘吉尔希望借此机会进入政府。于是他一反常态，在发言中称赞张伯伦是杰出的议员和活动家。

然而丘吉尔仍被排斥在政府之外。之后他和张伯伦的分歧越来越大。

张伯伦自以为找到了一个一箭双雕的办法。他主张推动德国同苏联交战，这样既会消灭苏联，又可以使德国筋疲力尽，没有能力为争夺欧洲霸权而同英国作战。丘吉尔则认为德国不仅对苏联是个威胁，而且对英国和其他国家也是威胁。

张伯伦对同希特勒和墨索里尼的谈判寄予毫无根据的希望。他认为只要同法西斯独裁者坐下来谈判，就能立刻说服他们接受符合英国利益的条件，并和德、意达成协议。实际上张伯伦正是这么做的。

1938年，国际问题的焦点是捷克斯洛伐克问题。希特勒要求瓜分这个国

🔺 1938年，英国首相张伯伦（右三）飞抵慕尼黑

家，张伯伦打算满足他的要求。

9月28日，张伯伦在下院发表演说，在他讲了将近一个小时之后，有人递进一张纸条。这时张伯伦的脸和整个表情都突然变了样，好像年轻了十来岁。

张伯伦宣布希特勒同意把军队动员令推迟24小时，并同英国、法国、意大利首脑在慕尼黑会晤。下院对这一消息报以热烈的欢呼。

在走出了会议厅时，丘吉尔走到张伯伦面前，语含讥讽地说："祝您成功，您真幸运。"

于是，张伯伦前往慕尼黑，参加了四国首脑会议，最后签订了《慕尼黑协定》，把捷克斯洛伐克的苏台德区割让给德国。几个月之后，捷克斯洛伐克很快被德国完全吞并。

丘吉尔一直反对和德国妥协，他反复地谈论着同苏联达成谅解以中止德国扩张的必要性。

在张伯伦到达慕尼黑的第二天，伦敦萨伏伊饭店举行了一次午餐会。到会的有工党领袖艾德礼和保守党人丘吉尔等人。丘吉尔劝说他们立即联名给

张伯伦拍电报，要求不要破坏捷克斯洛伐克的安全，可其他人一个接一个地表示自己不能签名。

当聚会者什么事情也没做就决定离去的时候，丘吉尔的眼里噙满了泪水。

张伯伦一回到英国就声明："我相信这是我们时代的和平。"

丘吉尔清楚，《慕尼黑协定》是英国和法国的失败。他说，《慕尼黑协定》和保障和平毫无共同点，而且会对英国产生十分不利的后果。

第二次世界大战临近了。战争爆发时，英国政府迟早要把能够领导抗德的坚强有力的人吸收进来。随着客观局势的发展，丘吉尔参加政府取得政权的希望与日俱增。

1939年春夏之际，张伯伦的绥靖政策屡遭挫折，但他仍然希望同希特勒谈判取得成功，这导致他在英国人民中威信扫地。

1939年9月1日，德国入侵波兰，第二次世界大战爆发。

临危受命
组阁战时新政府

丘吉尔利用各种机会批判张伯伦的对外政策，同时他的预言屡被证实，因此广大民众将重任寄托在了他身上。

波兰遭到德国和苏联入侵，英、法两国本应该根据他们同波兰订立的同盟条约给波兰提供一切援助。而张伯伦却试图同德国谈判解决波兰问题。但1939年9月2日，下院发表了一场危及政府的辩论。议员们要求英国履行对波兰的义务。

就在德国进攻波兰的当天，丘吉尔接到了张伯伦的邀请，请他晚上到唐宁街10号。会见时，张伯伦提议他进入政府工作并成为战时内阁阁员。丘吉尔立即表示同意。

在他们谈论战时内阁人选问题时，丘吉尔乘机把自己的几个追随者拉进内阁。

9月3日，张伯伦被迫在下院宣布英国同德国处于战争状态，丘吉尔在政府内任海军大臣和阁员。丘吉尔并不满足于此，他想得到首相职位。他认为，能否取得首相职位，在很大程度上取决于下院压倒多数的保守党。

因此，开战后，他不再批评保守党领袖张伯伦，他极力表明，他在内政、外交以及战时政策的一切问题上都要同张伯伦真诚合作。

虽然同德国宣战，但张伯伦不想打这场战争，历史上把1939年9月至1940年5月这段时间称为"奇怪战争"时期，这时英国对德战争并未采取实际上的行动。

丘吉尔对这条路线并不赞赏，可是他并没有公开批评张伯伦。他只是小

心翼翼地进行着抗德工作。他在海军部的工作非常紧张。

"奇怪战争"期间，海军的活动最积极。丘吉尔每天工作18小时，在他的领导下，把商船队编入海军护航舰队，制订了对德国的海上封锁计划，组织建造新军舰和搜索德国潜艇。

丘吉尔还同美国总统罗斯福建立了直接联系。

罗斯福沉着、冷静、明智而富有远见，他预见到英国政治的未来属于丘吉尔。从那时开始，丘吉尔和罗斯福便长期通信，直至欧洲战争结束为止，双方通信达千封之多。

"奇怪战争"不能无限期地拖延下去。苏联在德国进攻波兰的第二天便从东边入侵波兰，最后苏德瓜分了波兰。1939年年底，苏军又侵入芬兰。

在丘吉尔的敦促下，英法政府对芬兰提供了各种援助，并派援军支援芬兰人民的反侵略斗争。

本来，张伯伦希望看到苏德二虎相争，但出人意料的是苏德竟结成了事实上的同盟，对英法及其盟国构成威胁。

紧接着，希特勒又下令占领了挪威和丹麦，这种局势激起了英国人民和下院对张伯伦的强烈不满。

1940年春天，多数下院议员都迁怒于张伯伦，表示政府无能是显而易见的，应当辞职。在对政府的信任投票中，张伯伦惨遭失败，政府必须辞职。

丘吉尔成为首相无可争议的继承人。张伯伦本想支持哈利法克斯组阁政府，但由于得不到丘吉尔的支持，因此不敢轻举妄动。

与此同时，德国在西线发动了进攻，袭击了法国、比利时、荷兰。张伯伦本来想利用这一局势握住首相大权不放，他认为战争紧急的情况下，任何人不能强行改组政府。但下院拒绝了他，他只好到白金汉宫向国王递交了辞呈。

国王终于在1940年5月10日下午授权丘吉尔组阁政府。

丘吉尔终于取得了梦寐以求的大权。后来他回忆当时的心情时写道：

我在大约3点钟上床时，强烈地感到自己如释重负。我终于获得了指挥全局的大权。我觉得我是幸运的人，我以往的全部生活不过是为了这个时刻，为了承担这种考验而进行的一种准备罢了。

丘吉尔对自己充满信心："我想我对全局了如指掌，深信自己不会失败。因此，虽然我迫切地盼望天明，但我却睡得很熟，而且不必在梦中去追求安慰，因为现实比梦想更加美妙。"

5月13日，丘吉尔在下院发表了简短演说，他说："我没有别的，只有热血、辛劳、眼泪和汗水贡献给你们。"

接着他又说："你们要问，我们的政策是什么？我的回答是，竭尽一切可能和投入全部力量在海上、陆上和空中进行战争，这就是我们的政策。你们要问，我们的目标是什么？我可以用一个词来答复：胜利！不惜一切代价去争取胜利，无论道路多么遥远和艰难也要去争取胜利。"

丘吉尔除了任首相以外，还接受了下院领袖和国防大臣的职务，实际上掌握了最高军事领导权。

丘吉尔是个性格果断、意志坚强、精力充沛的人，而且是个雄辩的演说家。在对德作战时期，他充分运用这些素质来领导国务活动。

他的大量演说都能准确地分析局势和英国民众的心理，他抨击希特勒及其党羽并号召本国人民积极抗战。丘吉尔的这些演说受到了人民群众的赞扬，也终于得到军事将领们的拥护。

丘吉尔取得政权后的最初阶段困难很多。德军突破了英法前线，战火向法国北部蔓延，危及巴黎，英国远征军有被歼的危险。

丘吉尔政府需要立即着手解决几个问题。要千方百计延长法国的抵抗时间以便给德国军队造成最大创伤，同时也为英国加强国防——训练陆军、空军并为准备生产武器赢得时间。

不久，在法国北部的英法两国的大部队被德军截断。这时丘吉尔政府主

第二次世界大战著名人物

要关心的是撤退英国远征军。

1940年5月22日，丘吉尔再飞往巴黎参加最高军事委员会会议；还在万森城堡的法军总司令部会见了魏刚，对他留下了"坚定、果断和出奇的活跃"的印象。丘吉尔与法国领导人进行了讨论后，同意了魏刚南北军队会合的计划，又于第二天飞回伦敦。

但是，从索姆河南部地区发起的攻势未能奏效，由戈特勋爵指挥的英国远征军的北翼阵地也因比利时军队的溃退而陷于困境。

5月25日，英法联合在阿腊斯北部举行的反攻被德军挫败；5月26日，临时被任命为准将的戴高乐率第四装甲师和6个营的步兵向阿布维尔发动了成功的进攻，但由于缺乏增援和空中掩护，他所取得的战果未能巩固。

丘吉尔在战争时代（宣传画）

5月27日，比利时投降。

5月30日，戴高乐被迫南撤。由于战事发展不利，英国陆军部已于5月26日命令戈特勋爵打开通向海边的通道，命令驻守加来的英军坚守到底，从南边给予保护，以便从敦刻尔克"撤出尽可能多的人"。

此时，沿海的许多港口不是已落入德军手中就是处在德军炮火的射程之内。

约有40万英法盟军被迫收缩在敦刻尔克周围的一小块袋形地区，前有大海，后有追兵，假若德军继续追击，40万英法联军就有可能被歼灭。

但奇怪的是，在1940年5月24日，希特勒发出了要坦克部队停留在运河一线，停止向前推进的命令，使盟军获得了一个意外的重要喘息机会，争取时间巩固了敦刻尔克周围的袋形阵地。

5月26日晚上19时许，英国海军部根据丘吉尔的指示，发出开始执行代号为"发电机"计划的敦刻尔克大撤退的通知。

当时有861艘从巡洋舰、驱逐舰到小帆船等各种类型、各种动力的船只都投入了从敦刻尔克撤退盟军的紧急行动。

德军最高统帅部的公报曾反复宣称，"在阿托瓦的法军的命运已经决定了"，"被迫退入敦刻尔克周围地区的英军在我们集中进攻之下正走向毁灭"。

德国人原以为，只有一些小船对希望撤离的盟军作用不大；但到了5月30日，德国陆军总司令勃劳希契和总参谋长终于发现了这些小得可怜的船的重大作用和意义。

在拼命进攻和猛烈轰炸下，盟军袋形阵地仍岿然不动，德国人只能眼睁睁地看着盟军部队在他们的眼皮底下逃到英吉利海峡对岸去。

由于敌人已经察觉而无保密的必要了，英国海军部干脆公开号召沿海居民都投入营救活动。

许多有船的人纷纷自愿前来，更加快了撤退速度，以至于5月31日这一天撤退人数达到68000多人。

　　同一天，丘吉尔第三次飞往巴黎出席最高军事委员会会议。这次会议决定了盟军从挪威纳尔维克撤退以避免更大的损失；以及一旦意大利参战就对其进行海空联合袭击的计划。

　　丘吉尔在会上还努力避免法国人产生误会，强调在敦刻尔克的英军和法军"撤退必须相互臂挽着臂合力进行"。

　　他发现，法国方面继续战斗的热情和信心比上次有所减弱，尤其是贝当元帅反应冷淡甚而怀有敌意。

　　敦刻尔克的撤退仍在继续进行。甚至海军部地图室主任皮姆海军上校和他的两三个同事也在四天时间里驾着一艘荷兰小船运回800多人。

　　刚晋升为少将的蒙哥马利指挥第三师在鲁贝突围后，命令全师600辆军车都在后栏板下装个微弱的小灯。靠着这一点微弱灯光的指引，顺利完成夜间转移，于5月29日进入敦刻尔克桥头堡左侧阵地。次日一早，上司前来通知，他升任第二军军长。

　　5月30日，远征军总司令戈特召集担任后继任务的两个军长商议，决定蒙哥马利的第二军先撤回英国，巴克的第一军最后撤退，不得已时巴克可自作决定向敌投降。

　　会后蒙哥马利单独向戈特建议：要避免向敌投降，指挥官应有镇静而清醒的头脑。

　　巴克并非适宜人选，第一军第一师师长亚历山大更为合适。戈特于是调巴克回国，由亚历山大接管第一军。

　　蒙哥马利率部于5月31日晚上到达海滩时，那里的临时码头已经塌陷，只好连夜徒步赶往敦刻尔克，于黎明前登上驱逐舰回国，慌乱中连自己的钢盔也失落了。

　　亚历山大在1940年6月3日指挥最后一批英军登船。6月4日"发电机"计划结束，22万多英军全部撤出，大大超过原来指望撤出的人数，另有11万多法军等盟军也撤往英国，只有少数法国后卫部队无法脱身。

　　在救援敦刻尔克的九天九夜中，丘吉尔昼夜不眠，全神贯注，亲自指

挥。他向政府官员发布通令：

> 在这黑暗的日子里，如果政府中所有的同僚以及重要官员能在他们的周围保持高昂的士气，首相将不胜感激；这不是说要缩小事态的严重性，而是要我们对我们的能力表示信心，我们有坚定不移的决心继续作战，直至把敌人企图统治整个欧洲的野心彻底粉碎为止。

至1940年6月4日，共有33万多名英法盟军从敦刻尔克撤到了英国。但由于条件所限，这些部队只携带了步枪等轻武器，而大部分重武器以及大批军需品和装备都不得不丢在了敦刻尔克，英国继续同德国作战的前景十分暗淡。

丘吉尔在这个不寻常的时刻表现坚定、勇敢。当6月4日召开下院会议的时候，首相向英国人民发表了慷慨激昂的演说。

他说：

> 尽管我们失利，但我们决不投降，决不屈服。我们将战斗到底。我们将在法国作战，我们将在海上和大洋上作战，我们将充满信心在空中作战，我们将越战越强。
>
> 我们将不惜任何代价保卫本土。我们将在海滩上作战，在敌人登陆的地点作战，在田野和街头作战，在山区作战，我们任何时候决不投降。即便我们这个岛屿或这个岛屿的大部分被征服并陷于饥饿之中——我从来不相信会发生这种情况——我们的由英国舰队武装和保护的海外帝国也将继续战斗。

5月下半月，丘吉尔曾经想把墨索里尼争取到自己方面来。他以个人名义给这个法西斯独裁者写了一封信，叙谈他对墨索里尼以往的友情并希望他不

要站在德国一方作战。这一尝试毫无结果。法西斯的意大利急急忙忙地出来声援胜利者。于是，英国在南欧、地中海和北非又多了一个新的强大敌人。

在法国苦苦支撑期间，丘吉尔主张英法联合成一个国家，达到一箭双雕的效果，但因1940年6月22日法德停战协议而未达到目的。从此，英国几乎失掉了所有同盟国，只好孤军作战。

这时，英国人民意识到国家、民族遇到了致命的威胁，从而表现得异乎寻常的英勇顽强，准备焕发精神，继续坚持抗德斗争。

丘吉尔写道："在法国被击败之后，英国凭借岛屿多的有利地势，从失败的痛苦和致命的威胁中产生出一种不亚于德国的民族果敢精神。"

丘吉尔表达了英国人民的战斗意志，因而显著提高了他的群众威望。丘吉尔成了民族战争的领袖，人民相信他能够采取有力措施把战争进行下去。

6月18日，丘吉尔在下院发表讲话时说："法兰西之战已告结束。不列颠之战就要开始……因此让我们勇敢地承担起我们的责任，而且我们应当鞠躬尽瘁，死而后已，英帝国就是存在一千年之后，人们还能说'这是他们最光辉的时刻'。"

在法国崩溃之后，英国领导人认为："只有采取综合手段才能击败德国，就是施加经济压力，空袭德国的工业和交通枢纽以及居民点，在德国占领区广泛组织反抗运动。"

后来的战争进程表明，仅用这些手段还不足以赢得胜利。但是英国当时没有其他手段可使。制订战略计划的人可能当时就知道，这种战略无济于事，可是他们想不出别的办法。

英国第二次世界大战历史学家约翰·巴特勒写道："谁都说不出应当怎样做才能保证取得胜利……才能在最近的危急岁月使国家免于灭亡。"

1940年夏天，德军开始空袭英国，英国空军给以坚决回击。在空战中英国人损失惨重，可是德国人也蒙受重大伤亡。在这一战斗中，英国人民的意志锻炼得更加坚强。

英国政府在法国失败之后仍坚持作战，这一举动提高了丘吉尔在广大人

民群众中的声望，也逐渐改变了他在保守党内的地位。保守党员渐渐懂得丘吉尔是他们的唯一希望，只有利用他日益提高的威信，方可挽回这个党在人民群众当中的声誉。

9月底，张伯伦因健康状况恶化而辞职，不久即去世。因此需要选举新的保守党领袖。这时大家已经很清楚，只有丘吉尔能够胜任。

《星期日泰晤士报》写道：

> 丘吉尔是我们的秘密武器。在这个伟大的时刻我们在伟大领袖的英明领导下战斗感到无比幸福。今天，丘吉尔不仅是英国精神的化身，而且是我们的坚强领袖。不仅英国人，整个自由世界都对他无比信任。

英军航母

这份报纸表达了当时英国保守党领导人的观点。

丘吉尔懂得，英国孤军作战必须设法摆脱不易避免的迅速失败。因此，他采取许多坚决措施：根据抗敌需要动员国内各类资源，扩大军火工业，建立民防队，进行反击德军的训练以防德军入侵英国岛屿时措手不及。

与此同时，他还积极设法争取新的盟友。

德国是可怕的劲敌，所以新的盟友必须具备同德国旗鼓相当的或者超过德国的实力。

当时只有两个具备这种条件的国家没有参战，就是苏联和美国。丘吉尔的注意力转向这两个国家。

他继续保持并加强同罗斯福总统的个人书信往来，共同商讨最重要的英美关系和世界局势问题。

丘吉尔在信中仍然署名"前海军人员"。他非常喜欢使用华丽的辞藻，在战时也是如此，他总是给各种会议和战役冠以名目繁多的代号。

丘吉尔积极设法说服罗斯福，要他相信英国取胜对美国有利，而德国取胜必将给美国带来不幸和灾难。他千方百计鼓动美国参加抗德战争。

他终于同罗斯福谈妥，英国以租让西印度群岛的基地来换取美国的50艘旧驱逐舰。这一交易与其说使英国海军得到补充，莫如说在推动美国参战的路程上取得重大进展。

与此同时，美国在1940年下半年和1941年上半年给予英国的道义上和物质上的援助是对处于困难时期的英国的有力支援。

领导英国
进行不列颠之战

1940年6月22日，贝当政府与德国签订了停战协定。

在法国被击败之后，英国凭借英吉利海峡的有利地势，从失败的痛苦和致命的威胁中产生出一种民族果敢精神。这种精神使普通老百姓都敢于蔑视不可一世的纳粹战争机器，决心同德国法西斯决一死战。

前后两任本土军陆军总司令艾恩赛德将军和艾伦·布鲁克将军，指挥部队在岛山构筑坚固的防线，挖掘反坦克壕，修建钢筋混凝土掩体，还组建了直接打击登陆敌军的机动部队。

1940年7月，罗斯福总统不顾许多人的激烈反对，给英国运来了约50万支步枪、80000挺机枪、1.3亿发子弹、900门75毫米的大炮、100万发炮弹以及炸弹、烈性炸药和无烟火药。这些物资几乎把美国军火库的家底搬空了。

丘吉尔立即指示以"有计划的军事行动"组织分运，并立即发放给近100万国民自卫军。英国人现在有了武器弹药，更感觉自己不可战胜。

比弗布鲁克在飞机生产方面作出了很大成绩，"喷火式"和"旋风式"战斗机从大撤退时的331架增加至620架，后备飞机从36架增加至289架。海军也把大部分驱逐舰从执行护航任务中调回来对付德军入侵。

为了避免"打另一场战争的危险"，丘吉尔还不顾中国等国家抗日战争的需要，宣布关闭缅甸通道3个月。这一姑息日本的行动，实际上为英国后来在东南亚的失败埋下了祸根。

丘吉尔对可能遭入侵的地区进行了一系列视察，在肯特郡和苏塞克斯郡观看了军事演习，在哈里奇和多佛尔视察了防御工事。他还到东北沿海一带

视察，极大地鼓舞了军民的士气。

丘吉尔还借助于广播，利用其前任从未用过的方式直接向全国军民发表演说，以坚强的决心和必胜的信念激发大家的战斗勇气。据估计，全国有64％以上的成年人收听了他于7月14日发表的广播讲话并被感动。

德国人对英国的第一次猛烈袭击是从1940年7月10日开始的，人们通常把这一天作为空战开始的日子。

7月16日，希特勒发出了"关于准备在英国登陆作战"的第十六号令，即所谓的"海狮"计划。命令准备工作应在8月中旬完成，其作战目的是"清除英国本土作为对德作战的基地，并且在必要时，全部予以占领"。

希特勒知道，要入侵英国，先决条件是德国空军必须取得英伦三岛的制空权。所以希特勒计划用4个星期摧毁英国空军，取得制空权，为德国登陆铺平道路。然后，9月中旬到英伦三岛作战，9月底占领英国南部，10月初就能在伦敦举行胜利大游行了。

拟订这样的计划并非毫无根据，因为当时的英国尽管在努力增产飞机上取得很大进展，但它的空军力量仍不足以抗击德国空军的进犯。所以当"不列颠之战"战幕拉开时，英国处于极为不利的境地。

当伦敦和其他英国城市遭受德国的狂轰滥炸时，英国政府曾打算迁往中西部。然而，丘吉尔却认为那样做利少弊多，因为他目睹过法国政府迁出巴黎后造成的混乱。

著名的唐宁街10号首相官邸是一座并不坚固的老建筑，虽然已在花园里加建了一个防空壕，可是仍不够安全。于是，首相办公室搬到了斯多瑞门一座名叫安尼克斯楼的附属建筑物内，那座建筑物有防空设施，内阁会议也可以在那里召开。

丘吉尔一般是白天在唐宁街10号，晚上在安尼克斯楼，周末到契克斯首相郊区官邸。到了盈月之夜，他往往去稍微远一些的牛津郡的一位保守党议员罗纳·屈瑞家中居住。

在德国人的进攻中，有3个相互重叠连接的阶段。第一阶段从1940年7月

10日至8月18日，对英国护航舰队和南部港口进行轰炸，并引出英国空军，试图把它消耗光，从而取得制空权，这是渡海登陆的先决条件。因此，德国空军在这一阶段里的空袭行动日益频繁。

但英国皇家空军只出动了部分战斗机应战。这样虽然使港口和船只受了一些损失，有4艘驱逐舰和18艘商船被击沉，但是保存了空军实力，也使德军付出了惨重代价。英国空军丧失了148架飞机，而德国空军有296架飞机被击落，135架飞机被击伤。

由于天气恶劣，空战在8月19日至23日停止了5天。

1940年8月24日开始的第二阶段中，德国空军首先打算摧毁英国空军的地面通讯指挥中心——扇形站。

从8月24日至9月6日期间，德国空军平均每天出动1000多架飞机，使英国南部的5个前沿机场遭到严重破坏，7个扇形站中的6个几乎被彻底摧毁；446架飞机被击落或受伤；103名飞行员遇难，128名飞行员受重伤，占当时全部飞行员的四分之一。

丘吉尔为此"感到十分焦虑"。

就在英国空军遭受严重损失难以支撑局面的关键时刻，戈林犯了第二个也是更严重的战术错误，9月7日，德国空军转而大规模夜袭伦敦。这是世界历史上第一次大空战的一个重大转折点。英国空军得以缓过气来，这次战术改变给希特勒和戈林带来了严重的后果。

1940年9月7日这天，德国空军投入了625架轰炸机和648架战斗机，对伦敦进行了大规模的轮番轰炸。

德国飞机向瓦尔维治兵工厂、煤气厂、发电厂、仓库以及泰晤士河上几公里长的码头扔了大量炸弹，伦敦顿时成了一片火海。第二天，又像这样轰炸了一整夜。据估计，仅这两天夜里，伦敦约有842人死亡和2347人受伤，城市遭到巨大的破坏。但在空战中德军也损失了不少飞机。

9月11日，丘吉尔向全国军民发表了广播讲话，他指出：

丘吉尔 ♠

　　无可怀疑的是，希特勒先生正在很快地消耗他的战斗机队，如果他再这样继续几个星期，就会把他这部分重要的空军力量消耗殆尽，完全毁灭。这对我们就大为有利了。

丘吉尔还提醒道：

　　德国人正以他们一贯具有的周密性和条理性进行准备，要向我们这个岛屿发动大规模入侵。如果真的试图入侵的话，看来不会拖延很久。

　　因此，我们必须把下星期或下星期前后看作我国历史上的一个非常重要的时期。它可以和当年西班牙无敌舰队逼近英吉利海峡，德雷克快要打完一场木球的时候相比，也和纳尔逊在布洛涅为我们抵挡拿破仑大军的时候不相上下。所有这些，我们在历史上是读过了。

　　但是，当前正在发生的事情，就它的规模和对全人类的生活和未来以及对世界文明的影响来说，都远远不是过去那些勇敢的日子所能比拟的。

　　9月15日，德国空军集中了最大力量对伦敦进行空袭。两百多架轰炸机和三倍于此的战斗机群飞向伦敦。英国空军也全力以赴地迎击，双方展开了激烈交锋。

　　丘吉尔当天在设在阿克斯布里奇的皇家空军第十一战斗机司令部里，亲眼目睹了空战情况，英国飞行员的英勇顽强给他留下了难以磨灭的印象。当晚，他的私人秘书约翰·马丁报告说，这天"一共击落了183架敌机，而损失还不到40架"。丘吉尔在后来写道：

　　最突出的是，我们的战斗机驾驶员们始终保持着不屈不挠的

最大的毅力和勇气。不列颠得救了。

所以我在下院这样说："在人类战争的领域里，从来没有过这么少的人对这么多的人作过这么大的贡献。"

丘吉尔的这句话后来曾反复播出，广为流传。

从8月24日起，伦敦在连续85个夜晚中有82个夜晚遭到空袭。从9月7日至11月3日，平均每天晚上有200架德国飞机轰炸伦敦，对伦敦的轰炸不间断地持续了57天。

这个世界上最大的城市经受住了最严峻的考验。

作为报复，英国空军也轰炸了柏林。由于距离较远，轰炸柏林的规模较小，德国人的伤亡和损失都不算重，但对德军士气和老百姓心理的影响则是至为巨大的。

在伦敦遭受轰炸期间，丘吉尔几乎每星期都要抽时间到被炸现场视察，亲眼看看到底发生了什么情况。每当看到饱受摧残的普通英国民众仍表现出抗战决心，丘吉尔总是深受感动。

9月初，他视察了伦敦港船坞的一个被炸现场，群众对他表示了发自内心的热情欢迎。陪同他视察的战时内阁秘书处军事负责人伊斯梅将军后来写道：

他们哭喊道："好心的老温斯顿，我们想，你是会来看我们的。我们能够经受得住，给他们狠狠地回击。"丘吉尔失声痛哭。当我使劲让他穿过人群时，我听到一位老年妇女说，"你看，他真关心我们，他哭了。"他镇定了一下情绪，以极快的速度穿过码头走了。

丘吉尔也对此回忆说：

在瓦砾堆中这时已经插起了许多小小的英国旗，使人百感交集。当居民认出了我的汽车时，他们从四面八方跑来，很快就聚集了一千多人。这些人的情绪都很高昂。

他们围在我们的周围，一面欢呼，一面用各种形式表示对我的热爱，想摸摸我的衣服。人们可能认为我给他们带来了某些改善他们生活命运的美好的实际利益。

我实在忍受不住，我流下了眼泪。当时同我在一起的伊斯梅记述道，他听见一位老太太说，"你们看，他真的关心我们，他在哭呢！"我这不是悲哀的眼泪，而是赞叹和钦佩的眼泪。

为了减轻空袭造成的危害，丘吉尔指示建立了他所说的"杰姆乌鸦"紧急警报制度，为了救助房屋财产和在轰炸中严重受损的人，他抓紧制订了战争保险方案。他还通过林德曼教授组织科学家运用科学技术破坏德军的空中攻势，使来袭的敌机误入歧途。

11月间，空战进入第三阶段。德国人又一次改变了他们空袭的主要目标，试图摧毁英国工业生产中心。这一行动是从14日轰炸考文垂开始的，但持续的时间不那么长，也没能实现德国人的目的。

在1940年间，英国飞机的产量不仅没有下降，还以其9224架对8070架的比数，超过了德国人。由于英国人民在丘吉尔为首的政府领导下，精诚团结，万众一心，英勇顽强，决死抗战，使希特勒入侵英伦三岛的计划彻底破产了。

1940年9月19日，希特勒决定无限期地延缓空袭计划；10月12日正式宣布把入侵推迟到第二年春天。1941年7月，希特勒再次把入侵推迟到1942年春天。到了1942年2月13日，在雷德尔海军上将的劝告下，希特勒终于同意将空袭计划完全搁下来。

举世瞩目的不列颠之战以英国人民的彻底胜利而结束。

依靠盟友
度过艰难岁月

由于成功地领导了英国人民抗击法西斯德国的斗争，丘吉尔此时在全国军民心目中树立了崇高的威望。

鉴于空战之后德军有立即入侵的可能，所以丘吉尔在给罗斯福总统的多次电报中都竭力向他说明：英国一旦被击败，如果出现一个吉斯林式的政府，以交出英国舰队从德国换取宽大的条件，那么希特勒就成了欧洲的霸主，将会掌握欧洲全部造船厂和海军，而这对美国是极其危险的。

美国人如果坐山观虎斗，以为坚持孤立主义还可以捡到英国舰队的残余，这样想是十分可怕的。丘吉尔这种说法对美国高级官员以至孤立主义者都具有极强的说服力，因为存在这种危险的可能性是显而易见的。

1940年8月3日，丘吉尔发电报给英国驻华盛顿大使洛西恩侯爵说："把英国拥有的一些基地让与美国，可以答应，不过我们宁愿无限期地租借而不愿意卖出。"

美国方面已准备同意英国以基地换取驱逐舰，但同时要求英国保证，一旦美国参战，则英国必须在万一战败时将英国舰队或其残部驶往美国，否则这一做法要想获得美国公众舆论支持是极端困难的，而这又是国会是否同意的前提。

8月6日，罗斯福通过洛西恩侯爵传来信息说，他希望得到如下保证：如果英国被占领，英国舰队将在海外为帝国继续战斗，决不投降，也决不凿沉。这一保证对美国国会将最有说服力。

8月15日，丘吉尔在给罗斯福的电报中说：

我们要用舰队战斗到底，我们谁也无意用舰队的投降或凿沉去购买和平。当你引用我这一再提及的保证时，请记住，如果竟使人们产生一种印象，认为很容易就能征服英伦三岛及其海军基地，那么，我认为这种观点是有害的。

8月16日，罗斯福在记者招待会上透露了就获得海、空军基地而与英国政府磋商的消息。罗斯福竭力说明，美国用几只陈旧的驱逐舰便可在危急时刻换取无限安全是非常有利的。

9月5日，丘吉尔以谨慎的措辞将此事正式通知了下院，并且"获得了他们的默认——实际上是全体同意"。

50艘驱逐舰很快交到了英国海军手中，这批舰艇使英国战时计划中新造舰只交付使用之前，英国海军可以极其顺利地度过舰艇短少的时期。

11月6日，罗斯福第三次当选总统的消息传来，丘吉尔深感庆幸，立即致电表示祝贺。

而罗斯福在重新当选后的第三天就公开宣布，按"据实际经验得来的办法"分配军火产品，即大致上一半分给美国军队，另一半分给英国和加拿大军队。

美国战时物资优先分配同意在英国已定购的飞机之外，再供应12000架。使丘吉尔头疼的问题是这笔钱怎么付。

9月27日，德、意、日三国在柏林签署了《三国条约》。国际形势的这种变化，预示着战争冲突可能不会再局限于原有的地区范围。

12月30日，罗斯福发表了著名的"炉边谈话"。

他指出：

危险就在眼前，我们必须防患于未然。但是我们深知，我们不能爬上床去，用以被蒙头的办法逃避危险……如果大不列颠一旦崩溃，所有我们整个美洲的人即将生活在枪口之下，枪膛里装

满一触即发的子弹，经济的和军事的子弹都有。我们必须竭尽全力就我们所能支配的人力和物力，生产武器和舰只。

最后，他推出一个广为传诵的著名论断：

我们必须成为民主国家的大兵工厂。

为了更清楚地了解英国的战况和与丘吉尔交换意见，1941年1月初，罗斯福派霍普金斯作为自己的私人代表飞往伦敦。霍普金斯与丘吉尔之间建立了亲密关系，也对丘吉尔留下了深刻印象。

霍普金斯在英国待的时间比预定时间长得多，他直至2月中旬才返回美国。当3月8日美国参议院以60票对31票最终通过了《租借法案》以后，罗斯福即指定由霍普金斯负责援助英国的事务。

在哈利法克斯于1941年1月赴华盛顿就职后，美国也于2月派出约翰·怀南特为英国大使，结束了这一职务近两个月的空缺状态，从此英美之间的关系进入了一个更为密切的新阶段。

而这一局面的形成，是与丘吉尔以政治家的深邃远见和外交家的巧妙手腕，经过多方面坚持不懈的努力难以分开的。

由于《租借法案》在支援英国抗击德国法西斯的战争中发挥了难以估量的巨大作用，后来丘吉尔把罗斯福总统的这次胜利，称作第二次世界大战的"第三个转折点"。

美国虽然提供支援，但并不急于参战。英国领导人担心，在美国还没有坚决地同英国并肩战斗之前，就出现悲惨的结局。因此，他认为利用苏联同德国之间的斗争具有特殊的重要意义。

因此，丘吉尔试图把苏联拉入自己一边。

1940年夏天，他任命工党领袖克里普斯为驻苏大使，责令他努力改善英苏关系，并说服苏联参加对德战争。丘吉尔就像需要空气一样需要苏德开

战，因为只有这样才能使苏联变成自己的盟友。

1941年春天，希特勒派鲁道夫·赫斯访问英国。赫斯是从自己驾驶的飞机上跳伞后被英国当局抓获的，英国政府代表与赫斯举行了秘密谈判，赫斯建议英德签订和约，共同对付苏联，并建议丘吉尔离职，由亲法西斯分子组织新政府。

丘吉尔当然不会接受赫斯的这些建议，但他却没有明确拒绝，而是保持了沉默。这种态度使舆论界开始怀疑政府对德国的立场，而丘吉尔却没有采取任何措施来打消这种疑虑。

丘吉尔是在暗示德国人，在他们进攻苏联时可以得到英国的某种支援，从而推动希特勒去冒险攻打苏联。

希特勒一旦真去冒险，则他将给予坚决的回击。赫斯是希特勒丢给丘吉尔的诱饵，而丘吉尔却要让希特勒自己吞下这个诱饵。希特勒和德国其他领袖都坚决反对在东西两线同时作战，英国的态度使他们没了后顾之忧。

20世纪30年代，希特勒曾不止一次地愚弄过英国的首相和其他国务活动家，尤其是张伯伦曾多次被希特勒愚弄。而这次，丘吉尔却愚弄了希特勒，并给他带来了毁灭性的后果。

1941年6月22日凌晨4时，英国外交部接到德国进攻苏联的消息。丘吉尔曾严令身边的工作人员，除非是德国进攻英国，不能在8时之前叫醒他。

8时整，工作人员才叫醒了丘吉尔并向他报告了德国进攻苏联的消息。丘吉尔感到非常兴奋，因为这是他任首相以来得到的最好消息。

英国广播公司9时广播了丘吉尔的演讲，他说：

我们要给予俄国和俄国人一切可能的援助。俄国的灾难就是我们的灾难。

在这个时刻，丘吉尔表现出了一个大政治家的风度。

1941年7月12日，英苏签订了《在对德战争中采取共同行动的协议》，

英国准备向苏联提供军事援助。

8月，丘吉尔和罗斯福在大西洋的一艘军舰上会晤，这是他们第一次会晤。在此次会晤中，双方拟定了《大西洋宪章》，决定共同援助苏联，向苏联提供武器和战略物资。双方还声明英美两国在战胜德国和它的附庸国之后致力于建立公正和民主的世界。

9月，英美军需供应会议在伦敦召开。英国同意将原定提供给英国的各种军用物资转拨给苏联。

丘吉尔希望美国尽快参战。在远东，日美关系日益紧张。日本已经同德国结盟，日美冲突终将导致美德开战。因此，丘吉尔尽一切可能促使美国政府对日本表现强硬，但罗斯福仍然没有表态。

1941年12月7日，震惊世界的珍珠港事件爆发了。日本海军出动6艘航空母舰，载有400多架飞机，对美国檀香山的海军基地珍珠港发动了凶猛的突然袭击。

这次打击使美国海军太平洋舰队有18艘军舰被击沉或遭到重创，188架飞机被炸毁，159架飞机严重损坏；美国海军官兵死亡2403人，失踪和受伤2233人。

幸亏当时美国太平洋舰队的航空母舰不在港内，而日本飞机的轰炸又漏掉了海军船坞里的油库和潜艇库，否则美国海军的损失还要更惨重一些。

珍珠港事件发生的当天丘吉尔在契克斯度周末，他从随身携带的小收音机中听到了令他和所有人"都不胜惊讶"的消息，丘吉尔立即拨通了罗斯福总统的电话，得到了对这一消息最权威的证实。

对此他感到十分激动，因为长期以来他极力促成而未果的美国参战一事，现在由日本人替他促成了。

12月14日，丘吉尔冒着狂风巨浪和遭遇德国潜艇的危险，经过漫长的8天航程，于12月22日抵达华盛顿，受到罗斯福总统的热烈欢迎。

英美两国领导人进行了不拘礼仪而亲切友好的会谈，双方人员共同举行了代号"阿卡迪亚"的全体会议，进行了卓有成效的工作。

　　会议决定成立总部设在华盛顿的联合参谋长委员会；会议确认战争的主要敌人是希特勒德国，同时认为阻击日本侵略的太平洋战争是这场世界大战的重要组成部分。

　　为了便于联合作战，统一指挥，会议决定在太平洋战区建立ABDA，即美国、英国、荷兰和澳大利亚联军司令部，根据罗斯福总统的意见，由英国的韦维尔将军出任联军总司令。

　　丘吉尔与罗斯福会谈的最重要内容之一，是建立世界性的反法西斯大联盟。经过大量的电报往返，由26个国家参加发起的这个世界组织的成立准备工作基本就绪，罗斯福总统提出以"联合国"替代原来拟议中的"协约国"作为这一世界组织的正式名称，丘吉尔对此表示赞同。

　　1942年1月1日，罗斯福到丘吉尔下榻的房间，两人对《联合国宣言》草稿最后敲定。随后，在总统书房里，由罗斯福、丘吉尔、李维诺夫和宋子文分别代表美国、英国、苏联和中国签署了这个庄严的历史性文件。

　　《联合国宣言》的签署，标志着世界性的反法西斯统一战线的建立。对粉碎纳粹和日本军国主义称霸全球的幻想，取得第二次世界大战的最后胜利，奠定了坚实的基础。

进军北非
开辟国外战场

1940年7月，就在英国本土处于危急之时，意大利乘机在非洲大陆进行扩张。墨索里尼妄图以所占利比亚、厄立特里亚、阿比西尼亚和意属索马里为基地，动用40多万意大利和土著军队去夺取英国在东非和东北非的殖民地和保护国，建立一个自恺撒以来未有的以意大利为宗主国的大帝国。

意军侵入了苏丹和英属索马里，英属肯尼亚处于意军从阿比西尼亚南下威胁的惊慌之中。

意大利在利比亚靠近埃及边境一带，早就集结和部署了拥有大量现代化装备的七八万军队。到秋天，连地方部队一起增至30万人，悍然向埃及发动了大规模进攻。英国中东总司令韦维尔将军统帅的英、印、澳军，起初不战自退。

12月9日，个个身体瘦削、面目黧黑、在沙漠中经受长期训练的完全机械化装备的英印联军开始反攻，以攻克西迪巴拉尼为起点，沿着地中海海岸从东向西挺进。

在英国舰队和海军飞机的配合下连战皆捷，先后占领利比亚境内巴尔迪亚、托卜鲁克、班加西和贝达夫姆，前进了500公里，歼灭意大利9个师，俘虏11.3万人，击毁意大利飞机几百架，粉碎了墨索里尼称霸非洲的迷梦。

在这些战役进行过程中，丘吉尔接连不断地向前线将士发出祝捷电报，鼓舞士气。他引用诗人沃尔特·惠特曼的话勉励他们再接再厉：

089

每一个成功的果实，无论它是多么圆满，都将带来一些需要我们投入更大的战斗才能加以解决的问题。

1940年12月23日夜，丘吉尔又通过广播向意大利人民发表讲话，在追述了英意两国人民长期友谊之后，揭露墨索里尼掌权18年来，把国家带到了可怕的毁灭边缘，他表示将等到意大利民族能再次创造自己命运的那一天，这一天必定要到来。

1941年春，英军主攻方向是摧毁意大利在东北非的武装。他们将意军逐出苏丹，收复英属索马里，攻占意属索马里，又发动阿比西尼亚武装起义进行配合。

惨败的墨索里尼向希特勒苦苦乞援，纳粹头子派隆美尔率两个装甲师组成非洲军团开往北非，任命隆美尔为北非德意联军司令。

隆美尔曾任绰号"鬼怪"的装甲师师长，在以闪电战进攻法国时俘获大批英法部队，并最先追到敦刻尔克海边，迫使未及撤往英国的3万多法军投降。他彪悍泼辣，敏捷狡诈。2月12日他带两个先遣营在利比亚东北的黎波里登陆，他的大部队由于英国拥有地中海制海权一时还到不了。

隆美尔了解到这时韦维尔的英军一部分已去东非，一部分到希腊战场增援，剩下的主力调回埃及休整，以素质和装备均差的新兵去前线换防，便带领小部队长驱近千公里，越过水源缺乏的沙漠，3月31日到达前线并发起进攻。

他把大众牌小汽车乔装成坦克以壮声势，吓得刚来前线增援的英印新兵心惊胆战。隆美尔旋风般在两周内挺进600多公里，连克阿盖拉、班加西、塞卢姆等地，逼近埃及马特鲁。

英军正在新旧交接中的两个中将前线司令在乘车逃跑时一同被俘。丘吉尔下令死守的托卜鲁克港口要塞，已被包围在犬牙交错的前线的敌方一侧。在中东前线视察工作的陆军大臣艾登说："韦维尔一夜之间老了10岁。"

丘吉尔听到韦维尔组织反攻的"战斧"计划失利后，在卡特维尔庄园郁

郁不乐地徘徊于幽谷之间数小时之久，心想："韦维尔已经是一个心力交瘁的人了，我们已把这匹驯良的马骑得走不动了。五六个各不相同的战区的任务都压到他一人身上。"

为了扭转战局，丘吉尔和内阁及军界商量之后，决定进行人事调整，将韦维尔同印度总司令奥金莱克互调，并派利特尔顿为内阁驻中东主持非军事事务的国务大臣。

经过5个月休整，在兵力和装备上都明显强于德意联军的英军，发动代号为"十字军战士"的大规模进攻。11月18日傍晚，大雨滂沱，10万英军上万辆军车浩浩荡荡开始西征。

隆美尔早已筑好地堡，里面密布机枪大炮，构成坦克陷阱，把英军装甲部队打得晕头转向，损失惨重。但鉴于兵力不足，补给困难，隆美尔撤去对

丘吉尔（中）和蒙哥马利（右）在一起

托卜鲁克的包围，退回阿盖拉。补充一批装备和人员后，他又在1942年1月下旬发动进攻，占领班加西。

丘吉尔认为隆美尔是个棘手的人，他在下院陈述战况后说："我们遇到了一位非常勇敢善战的对手，而且如果我们可以撇开战争造成的破坏来说，他是一位伟大的将领。"

隆美尔继续进攻，6月21日重又攻占托卜鲁克，3.3万英国守军向不到他们人数一半的德军投降。正在华盛顿参加会谈的丘吉尔接过罗斯福递给的电讯时几乎晕倒。

英军全线溃退，7月1日，隆美尔率部进抵埃及阿拉曼，距亚历山大港只有60多公里。英国海军撤向红海，开罗英国军政机构销毁文件准备逃走。这时的隆美尔因立大功而晋升为元帅。

丘吉尔又一次改组中东地区司令部，8月初任命亚历山大为总司令，蒙哥马利为第八集团军司令，并又一次充实兵力和武器，达到德意联军的三倍。

隆美尔苦于部队补给非常困难，想先去拔除袭击德意舰船的马耳他岛上英军的这根刺，但是未获得希特勒的同意，他便抱着侥幸心理，于8月30日晚进攻阿拉姆哈勒法阵地英军。

天明后，德意舰船受英机轰炸损失很大，3艘油船被英军炸沉，迫于燃料补给无靠，不得已于9月3日全面撤退。由于隆美尔一贯善于诱敌落入陷阱，非常谨慎的蒙哥马利没有追击。

墨索里尼在入侵北非的同时，1940年10月28日又向地中海北岸的希腊发动全面进攻。丘吉尔果断地命令英国海空军接管希腊克里特岛防务，想将这个战略要地变成支援埃及的空军基地。紧接着，丘吉尔又从利比亚调4个师的陆军开往希腊。

希腊军队英勇反击，将意大利侵略军驱逐到阿尔巴尼亚境内。墨索里尼只好又搬来纳粹兵。德军占领雅典。

丘吉尔调印度军到伊拉克，联合戴高乐自由法国部队攻入叙利亚，防止希特勒进入地中海东部。

英美联合实施"火炬"计划

　　1942年，是决定反法西斯战争胜败的关键一年，当时，美国总统罗斯福同他的参谋部拟订了开辟第二战场的计划，以便减轻苏联战场的压力。

　　但是英国统治集团的传统政策是尽可能借用他人之手进行战争。为扭转苏德战场的局面，斯大林曾一再提出英美在西线开辟第二战场，丘吉尔却一再拒绝。

　　美国同意1942年在西欧开辟第二战场。1942年4月，罗斯福总统便派私人代表哈里·霍普金斯和美国陆军参谋长马歇尔将军到英国，与丘吉尔商讨在西欧登陆的问题。

　　当时商定，1942年小部分英美部队首先在西欧登陆，然后在1943年再向西欧投入大部队。这一决定不符合丘吉尔的愿望，没过多久他便拒绝执行这一决定，使美国人感到受了丘吉尔的愚弄。

　　1942年5月，苏联外长莫洛托夫访问伦敦。他问丘吉尔苏德前线的前景如何。

　　丘吉尔详细地谈了登陆的条件、地点、意义，但绝口不谈登陆的时间和登陆军队的规模等具体内容。丘吉尔知道，莫洛托夫还要前往华盛顿访问，所以他建议莫洛托夫从华盛顿返回后再来伦敦，那时他将根据华盛顿关于这个问题的讨论情况给予具体答复。

　　5月30日，莫洛托夫同罗斯福会谈。最后，罗斯福请莫洛托夫转告斯大林："我们希望在今年开辟第二战场。"

　　丘吉尔在焦虑地注视着苏德战场，他担心苏联不愿单独对德作战，而同

德国签订和约退出战争。莫洛托夫从华盛顿返回伦敦时，英国政府同意1942年内在欧洲开辟第二战场。这一决定已正式写入英苏联合公报。

1942年7月，丘吉尔和罗斯福举行了单独会谈。他们决定1942年在北非登陆而不是在欧洲。丘吉尔准备亲自向苏联政府通报上述决定。

1942年8月10日深夜，丘吉尔乘坐飞机，直接从开罗飞往莫斯科，准备当面向斯大林通报关于改变在法国北部登陆开辟第二战场的决定。

这是一个微妙的、困难的，然而又不得不完成的任务，丘吉尔对于会受到何种对待心中无数，但对自己将要表达的主要意思则十分明确。在飞向苏联的途中，丘吉尔反复思量着到这个布尔什维克国家去的使命。

8月12日17时许，丘吉尔的座机降落在莫斯科的首都机场。苏联人给予丘吉尔以最高规格的接待，安排他住进了城郊一座豪华别墅。当天晚上，丘吉尔前往克里姆林宫拜会了斯大林。

丘吉尔首先坦率地告诉斯大林：英美两国政府认为，1942年不可能在法国北部登陆以开辟欧洲第二战场。他提醒斯大林，在莫洛托夫访英时，英方已通过备忘录说明不能就1942年的行动作出承诺。

斯大林则加以反驳，表明了他对这一决定的不赞同态度。随后，丘吉尔又谈到轰炸德国，继而又谈到开辟第二战场的另外选择，即准备10月份在北非实施的"火炬"计划。丘吉尔以鳄鱼作比喻，说明"火炬"计划是打击鳄鱼柔软的下腹部。

斯大林此时又转而高兴起来，与丘吉尔长时间地讨论了这一计划的意义和理由。此后双方又就英美空军在苏联军队南翼取得制空权进行支援进行了讨论。

会谈直到午夜才结束，此时丘吉尔欣慰地感到："冰块已经打开，通人情的接触已经建立起来。"

这次英苏首脑会晤，使丘吉尔与斯大林之间建立起并在战争中一直保持着一种"密切而又严肃"的关系，对双方之间加强联系、增进理解、相互配合、保证取得战争胜利具有极为重要的意义和作用。在战前互不信任的苏联

和英国面对共同的敌人逐渐走到了一起。

有一份综述双方在这个问题上立场的备忘录写道：

> 1942年在欧洲组织第二战场是莫洛托夫访问伦敦时业已决定并写入今年6月12日公布的双方一致同意的英苏公报。
>
> 双方也都清楚，在欧洲组织第二战场的目的是把德军从东线引向西线，在西线建立抵抗德国法西斯军队的重要阵地，从而缓和1942年苏德前线的苏军处境。
>
> 很容易理解，英国政府拒绝在1942年内在欧洲开辟第二战场，对于指望开辟第二战场的苏联公众舆论是一个精神上的打击，它使前线红军的处境更困难并且破坏了苏军统帅部的计划。
>
> 拒绝在1942年开辟第二战场不仅给苏联红军造成困难，毫无疑问，也使英国和所有其他盟国的军事形势受到影响。

斯大林进一步明确指出：

> 1942年具备开辟欧洲第二战场的最有利的条件，因为几乎所有的、而且是精锐的德军都被吸引在东线，而西线只有为数不多、战斗力也不强的德军部队。
>
> 很难预料，1943年是否还像1942年那样具备开辟第二战场的有利条件。因此，我们认为，在1942年有可能，而且应当开辟欧洲第二战场。非常遗憾，我未能就此说服英国首相先生，而美国总统代表哈里曼先生在莫斯科会谈中完全支持首相先生。

丘吉尔原来深怕由于盟国的不诚实行为使苏联同德国单独媾和。他在莫斯科没有发现这方面的任何迹象，因此非常满意地向英国战时内阁报告：“在整个会谈期间他们丝毫没有不想作战的迹象。”

丘吉尔同苏联政府会谈结束之后，英国国王向他祝贺："您作为传达不利消息的使者担负非常不愉快的任务，我祝贺你精明地完成了这一任务。"

苏联政府出于巩固和发展同英国友好关系的愿望作出了重大让步，决定暂不坚持关于边界的正当要求，在同英国签订同盟条约时可以不涉及这个问题。

1942年5月26日在英国外交部大楼签订了苏英条约，丘吉尔出席了签字仪式。

苏英条约规定：缔约双方在对德国及其附庸国作战中，彼此给予军事的和其他各种形式的援助与支持。并确定了双方在战后时期的相互关系。

在为加强反希特勒的联盟而签订的许多协定中，苏英同盟条约具有重要意义，它从根本上改善了英苏关系，并为两国合作的进一步发展奠定了基础，对加强反法西斯同盟的事业也具有重大的积极意义。

条约签订以后，苏英以及一切反法西斯侵略的国家和人民的国际地位得到了加强。正因为如此，它受到了苏联、英国和反希特勒联盟的所有国家广大的人民群众的热烈欢迎。

苏联于1942年6月18日批准了这一条约，英国也于6月24日批准了这一条约。

莫斯科之行给丘吉尔留下了深刻印象。从莫斯科回国后，他立即开辟北非战场，并建议罗斯福任命艾森豪威尔将军为总指挥，副总指挥由亚历山大将军担任。

从1942年秋冬起，全世界反法西斯战争的形势酝酿和开始发生重大的变化。在东线，斯大林格勒大会战以苏联红军的伟大胜利而告结束，成为苏德战争和第二次世界大战的转折点；在西线，则有英美在法属北非登陆的"火炬"计划的胜利实现以及在这前后进行的重要战斗。

8月间，英国突击队和一个加拿大师在蒙巴顿将军带领下，在法国第厄普海岸登陆。这次反攻，既是向苏联显示开辟第二战场的一个象征性姿态，又是向德意发射一颗迷惑性的烟幕弹，以便悄悄准备在北非登陆。

位于地中海中心的英属马耳他岛，在英国与德意的北非拉锯战中起着关键性的作用。英国飞机和舰船从这个中途基地出发，既可以向埃及运送兵员和给养，又可以轰炸利比亚的德意联军，切断他们补充兵力和物资的咽喉。

1942年春，德意海空军一齐出动，对马耳他岛进行猛烈袭击，使英国运输船队遭到重大损失。岛上面临饥馑危险，海空军基地作用陷于瘫痪，这片"地中海的钥匙"眼看将被敌人占去。

这时罗斯福命令"大黄蜂号"航空母舰两次给马耳他岛送去几百架战斗机，英国派遣一个庞大的护航舰队开赴这个被围困的海岛。

从6月中旬开始，马耳他又发挥了它军事基地的重大作用，此后接连几个月都有击沉隆美尔供应船只的记录。

正是在这切断德意联军"输血管"的有利条件下，蒙哥马利以10多万大军在10月23日夜发起阿拉曼战役，1000多门大炮齐声怒吼。德意联军的代理指挥官施图姆在乘车了解战况时遭到伏击，跌下车来，心脏病发作猝死。

正在奥地利养病的隆美尔被希特勒急令催回前线，但他面对优势敌人已无法抵抗，于11月4日退到富卡。蒙哥马利穷追不舍，1943年1月23日占领的黎波里，席卷利比亚北部沿海各地，德意联军损失近6万人。隆美尔摆脱英军切断退路的多次袭击，仓皇逃到突尼斯。

丘吉尔在回忆录中写道：

在阿拉曼战役之前，我们从未打过一次胜仗，而在阿拉曼战役之后，我们从未打过一次败仗。

他命令英国全国敲钟，庆贺这次大捷。紧接阿拉曼战役的是筹划已久的"火炬"计划，即美英联军在法属北非三城市登陆。

法属北非突尼斯、阿尔及利亚、摩洛哥三国当时受法国维希伪政权统治，当地官员都听命于贝当总理、达尔朗副总理兼总参谋长为首的卖国政府。流亡于伦敦的戴高乐领导的"自由法国"运动是他们的死敌，而美国同

维希政权仍有外交关系。

在这种复杂的情况下，为了减少战斗的阻力，丘吉尔决定这次军事行动打着美国旗号，在艾森豪威尔、克拉克指挥下进行，英国参战人员也都穿起美国军服。英国提供直布罗陀作为集结军力、就近指挥的盟军司令部。

英美又将在两次世界大战中从德军监禁中越狱成功的吉罗将军送到直布罗陀，寄希望于他能说服北非的法军同盟军合作。

11月8日，盟军665艘军舰和运输舰载运13个师，在1700架飞机提供空中保障的情况下，在首尾相距800公里的摩洛哥的奥兰、卡萨布兰卡和阿尔及利亚的阿尔及尔三处同时登陆。美国外交官在北非进行的策反工作和吉罗的劝说都没起作用，盟军遭到激烈地抵抗。

此时，长期投靠德国的达尔朗因探视生病儿子正在阿尔及尔，在大兵压境情况下，他的态度才慢慢有所松动。8日晚，阿尔及尔法军抵挡不住投降了，达尔朗落在美军手里。

丘吉尔曾经说过："如果我能见到达尔朗的话，尽管我极恨他，但我如能匍匐在地上爬行一公里路而使他把舰队带到盟军这边来，那我也欣然照办。"

贝当在第一次世界大战中是有名的"凡尔登英雄"。由于不少北非的法国军政要人视贝当为偶像，而达尔朗又被视为贝当的直接代表，为减少流血起见，盟军承认达尔朗为法属北非行政长官，吉罗被任命为军队总司令。

以此为条件，达尔朗发出停火命令，摩洛哥总督宣布投降。盟军10日占领奥兰，11日占领卡萨布兰卡，到月底，阿尔及利亚和摩洛哥全境都在盟军的控制下。

丘吉尔认为战争的转折点到来了，他在一次午餐会上兴奋地说道："我们战士头上的钢盔闪闪发光，温暖和振奋了我们所有人的心。"

美英与达尔朗达成的协议公布后，不仅戴高乐一派法国战士，而且英国广大人士都普遍不满，认为此人无耻亲德，劣迹多端，声名狼藉，为利用他而让他在北非掌权，乃是卑鄙龌龊的勾当。

丘吉尔和罗斯福面对呼声连忙声明，未来的法国政府只能由法国人民自己来成立，目前的安排"仅仅是由于战事紧迫而不得已采取的一种权宜之计"。

罗斯福还为此引用希腊东正教会的一句格言："我的孩子们，在大难临头之际，你们可以与魔鬼同行，直到你们脱离险境。"达尔朗听后惶惶不可终日，他在给克拉克的信中说："我仅是一个被美国人挤干后将要扔掉的柠檬。"

盟军在北非登陆令希特勒感到意外和震惊，他决定踢开贝当傀儡政府，全面占领法国。11月中旬，德意联军迅速攻占法国南部和科西嘉岛，并在突尼斯集结重兵。当德军将要攻占土伦港时，法国水兵将73艘舰艇全部凿沉。

盟军在1943年3月20日至5月13日发动突尼斯战役，亚历山大担任前线总指挥，一路从利比亚西征，一路从阿尔及利亚东进，东西夹击，俘敌25万人，将德意军队赶出整个北非。

针对"火炬"计划的成功实施，丘吉尔称"挽回了一个大陆的局势"。

取得反法西斯战争的胜利

　　1943年，反法西斯战争各主要战场形势发生根本转折，盟国已经取得战略进攻的主动权。为了协调盟军的下一步反攻计划，丘吉尔迫不及待地要去美国访问。

　　5月12日，丘吉尔一行到达华盛顿，两国首脑及其参谋长们，在白宫举行了以"三叉戟"为代号的秘密军事会议。双方商定，要打破轴心国潜在的威胁，加强军事优势，采取必要而实际的措施，援助苏联和中国。

　　双方还商定，要在地中海地区实施大规模作战，以迫使意大利退出战争，同时准备于1944年春在法国登陆，对德国实行决定性的攻击。

　　7月3日，盟军开始进攻西西里。

　　7月25日，墨索里尼下台。

　　10月13日，意大利宣布加入盟军一边，对德作战。

　　为商讨加速战争进程和战后世界的安排问题，美英苏三国首脑于1943年11月28日至12月1日在德黑兰举行会晤。美、英、苏三国首脑罗斯福、丘吉尔和斯大林"三巨头"第一次"像一家人一样"围坐在德黑兰的会议桌旁。

　　丘吉尔说这次会议"也许象征着人类有史以来最大的一次世界力量的聚会"。

　　会议讨论的主要内容之一，就是开辟第二战场，即实施"霸王"计划。斯大林宣称，"霸王"计划应提前到1944年5月实施，同时进攻法国南部给予支援，苏联则在东线发动攻势予以配合，阻止德军调往西线。丘吉尔同意进行"霸王"行动。会议决定"霸王"行动在1944年5月开始。

会议还就战后成立一个维护世界和平与安全的国际组织问题交换了意见；就战后如何处置德国的问题进行了初步讨论，三国提出不同的分割方案；三国一致赞成战后重建独立的波兰，其边界西移，将德国东部的部分地区并入波兰。

这次会议还讨论了苏联对日作战问题。苏联表示在欧洲战争结束后参加对日作战，并提出归还整个库页岛等条件。

会议签署了《苏美英三国德黑兰宣言》和《苏美英三国德黑兰协定》。三国表示今后将"共同协作"，"力求所有大小国家的合作。全心全意抱着消除暴政和奴役、迫害和压制的真诚"。

德黑兰会议是反法西斯联盟三大盟国首脑在第二次世界大战中的首次直接会晤。加上后来召开的雅尔塔会议以及波茨坦会议，对推动战争进程和战后世界格局的形成起到了一定的积极作用。

德黑兰会议讨论的"霸王"行动大部分由美军担任，罗斯福挑选在北非崭露头角的艾森豪威尔担当西北欧盟军远征军总司令，但是随后丘吉尔还是为英国争得了部分指挥权，即"霸王"行动初期由蒙哥马利领导。

地中海区域大部分是英国或由英军控制的军队作战，丘吉尔委派威尔逊当总司令。还在离开英国时，丘吉尔就患了重感冒，服药得到缓解。经过一系列会议和旅行劳累，12月12日飞抵突尼斯时病情转重，经诊断为肺炎，还患有心房纤维性颤动，便放慢工作节奏，由女儿读奥斯汀的小说《傲慢与偏见》给他听，夫人从伦敦飞来照料。27日以后，他又到马拉喀什疗养三周，同国内外来访者商谈工作。

1944年1月21日，盟军在罗马以南40公里的安齐奥登陆，但前进受阻，正如丘吉尔所说，"原希望我们抛上岸的是一只野猫，结果只是一条搁浅的鲸鱼"，直到6月4日才攻进罗马。

"霸王"行动的准备工作在紧锣密鼓地进行。盟国的反潜艇措施日渐奏效，飞机上装的雷达能在浮现前发现潜艇。英国对德国进行大规模空袭，美国空军集中消灭德国战斗机。两国轰炸机还摧毁德国"无人驾驶飞机"的发

丘吉尔（塑像）

射基地，空袭法国的运输网，包括铁路、公路和机场，以阻止"霸王"行动开始后德军增援部队的迅速调动。

在军需部议会协调大臣、丘吉尔大女婿邓肯·桑兹提议下，空军对德国秘密武器的几处试验基地进行了猛烈的轰炸。通过这些战略轰炸，摧毁和打乱了德国的军事、工业和经济体系，瓦解了德军的士气和斗志。

丘吉尔每周主持一次会议，研讨"霸王"行动计划的实施。登陆的地点选在诺曼底，这里地势开阔，可同时摆开二三十个师，距英国西南海岸各主要港口又较近，便于输送部队运送物资，德军在这里的兵力也较薄弱，有利条件胜过加来。加来距英国海岸近、而距英国海港远，又是英国重点设防之地。

诺曼底的缺点是没有良港，丘吉尔提出用人造港来代替的创见，召集工程技术人员进行设计。人造港是用一百

多万吨钢筋水泥来建造一批巨大的码头，将它们安放在海滩上，向海的一端浮在海面。再用沉入水中的混凝土结构和沉船在外围筑成巨大弧形的防波堤加以掩蔽。这样，尽管浪高流急、狂风骤起，吃水深的舰船也能够停泊和卸载，登陆艇能够自由来往于海滩。

为了迷惑敌人，还广泛采取疑兵之计，使德军摸不准登陆方向。丘吉尔在德黑兰会议上创造了"保镖行动"语，即"真相经常要由虚假相伴来作保镖"。

根据丘吉尔的建议，在肯特郡海边集结了一支假舰队，发出大量电讯，又让以勇猛著称的美国巴顿将军闲步肯特街头，登陆地点在与肯特郡隔海相对的加来。在进攻前夕，英国飞机撒下大量锡箔片，在德军海岸雷达看来酷似一支舰队正沿英吉利海峡向东驶往加来。

此外，由于英国尚需依靠美国的军事援助，特别是登陆艇，丘吉尔承认，他对颇有主见的罗斯福，有时还"不得不抓住适当时机扮演一个阿谀奉承的角色"。千呼万唤，"霸王"行动终于就要开始了。整个英国南部变成了一座大军营，聚集了287万三军官兵和后勤人员，1.1万架飞机和6000艘舰艇。

诺曼底登陆前夕，70岁的丘吉尔走访盟军总司令艾森豪威尔，要求随英舰"贝尔法斯特号"参战，艾森豪威尔不答应。

丘吉尔说："虽然参战的各部队均归您指挥，但是参战人员并不由您确定。"艾森豪威尔点点头。

丘吉尔继续说："那么，我可以以英舰水兵的名义签名参战，将军无法阻挡。"

艾森豪威尔无可奈何地苦笑着说："话是这么说，但是首相阁下，您这样做会给我肩上增加沉重的责任。"

丘吉尔决心不变，艾森豪威尔只好派参谋长史密斯将军晋见英王。乔治六世说："丘吉尔的问题由我来处理。"他召见丘吉尔说："如果您决心参加战斗，我也有义务与您一同参战。"丘吉尔只得罢休。

6月6日凌晨1时许，蒙哥马利统领的英、美、加三国军队，以3个伞兵师空降于登陆阵地后方为前导，在大量轰炸机和战舰狂炸、炮击海岸德军炮兵阵地和防御工事后，黎明时分，运输舰送来的陆军改乘登陆艇和小型攻击艇，利用拖来的人造港，在诺曼底海滩大举登陆。

由于守卫这一带海岸的是纳粹杂牌军，加之登陆前几天英吉利海峡接连出现20年未遇的风急浪高恶劣天气，他们更是疏于防范，因此德军尚未完全建成的从挪威到西班牙沿海的"大西洋壁垒"很快被突破。仅在6日这一整天，盟军就出动1.46万架次飞机、17个师团和2万辆军车登上了陆地。

到12日，5个占领的滩头连成一片，有30多万人和5万多辆军车、10多万吨物资登上诺曼底，德军死伤16万多人。

11日深夜，斯大林向丘吉尔和罗斯福致电祝捷说：

就其规模、就其宏大的布局，以及杰出的执行计划情况来讲，战争史上从来也没有过足以与之类比的事业。只有我们的盟军才光荣地、胜利地实现了强渡海峡的庞大计划。历史将把这一业绩当作一项最高的成就记载下来。

空降着陆和步兵登陆都非常成功。德军组织了反攻，但规模有限，无法把盟军赶下海去。而且盟军后续部队源源而来，补给物资不断增加，滩头阵地逐渐扩大，逐渐向纵深发展。在盟军的强力推进下，法国迅速被解放了。

与此同时，苏军在1944年夏季已经开进中欧和东欧。

然而1944年年底，西线出现了对盟军不利的战况，德军在阿登地区反扑，突破盟军防线向前推进了90千米。

这种情况迫使丘吉尔于1945年1月6日向斯大林求援，请求苏联在东线发动强大攻势。

苏军于1月12日重创德军，德军只好中止在西线的攻势。这次苏军进攻到了离柏林只有70千米的地区。

德国当局败局已定，丘吉尔、罗斯福、斯大林于1945年2月在苏联克里米亚半岛的雅尔塔再次会晤。会议决定由美、英、法、苏四国分区占领德国，并在柏林设置管制委员会。

四国首脑还就波兰边界和政府的组成问题达成协议。最后，还就成立联合国的问题和苏联参加对日作战的问题作出了决议。

4月16日，苏军发起进攻柏林的战役。

25日，苏军在波茨坦以西包围柏林，并在柏林西南的托尔高地区与美军会师。

27日，苏军进入柏林。30日，希特勒自杀身亡。

5月2日，柏林守军投降，各地德军也相继投降。5月7日，德国代表同艾森豪威尔签订投降书；5月8日，又在柏林向苏军元帅朱可夫签订投降书。欧洲战场的反法西斯战争胜利结束。

被战争拖得精疲力竭的英国人民终于等待到了庆祝胜利的日子。在5月7日这天，人群聚集在白厅前面，目睹丘吉尔乘着一辆敞篷汽车满怀欣喜地从人群中间经过。

丘吉尔领导全英人民进行战斗，为欧洲反法西斯战争的胜利作出了重大贡献，同时也为战后英国的地位打下了基础。

风云人物

戴高乐

　　夏尔·戴高乐，法国军事家、政治家。1940年法国战败后，戴高乐在英国组织了自由法国运动并发表了著名的电台讲话，号召法国人民抵抗纳粹德国的侵略，这一讲话在历史上标志着法国抗击纳粹侵略的开始。1944年法国解放后，戴高乐成为法兰西共和国临时政府主席。在战后成立法兰西第五共和国，戴高乐担任第一任总统。

参加一战
获得骑士勋章

1890年11月22日，夏尔·戴高乐出生在法国里尔市公主街一个世代笃信天主教的小贵族家庭。

1907年，戴高乐所在的学校圣母玛利亚学校因反教权政策而被关闭。戴高乐的父亲便把他送到以擅长数学教学而闻名的比利时安托万中学就读，因为要考圣西尔军事学院，数学成绩必须出色。

戴高乐一心要考入军校，所以他再不像幼年时那样不求甚解，在安托万中学的成绩是名列前茅的。一年后，他转学进入巴黎的斯塔尼斯拉斯学校。

1909年8月，戴高乐通过了圣西尔军事学院的入学考试。他的分数不高，在录取的212名考生当中是第一百一十名，但总算考取了。这一年，他19岁。

进入军事学院，是戴高乐一生的转折点。这一选择，决定了戴高乐将来不会成为文学家，也不会成为哲学家和历史学家。

他在文史哲方面也有着十分牢固的基础，这对他成为一名政治家、军事家是很重要的。

1910年10月，见习期满，戴高乐正式进入圣西尔军事学院。他在同辈当中是个很有个性的学生，他坚毅果敢，但孤高自傲，让人觉得他落落寡合，同他的高身材、大鼻子，恰好互为表里。同学们给他起了一些绰号，如"公鸡"、"两米"等。

同学们也没有放过他那支特别显眼的"大鼻子"。有一次开联欢会，同学们提议戴高乐背诵他最喜欢的罗斯丹诗剧《西哈诺·德·贝热拉克》，他

立刻爬上桌子，高声朗诵了诗剧主人公西哈诺关于自己的"大鼻子"一段台词，于是，同学们便把"大鼻子"的雅号转赠给了戴高乐。

戴高乐在圣西尔军事学院勤奋地学习了两年，于1912年10月1日毕业，在毕业考试中得了第十三名，军衔是少尉。填写分配志愿时，戴高乐选择了第三十三步兵团，到了阿拉斯城。这时该团团长是菲利普·贝当上校。

1913年10月1日，戴高乐晋升为陆军中尉。

1914年8月，第一次世界大战爆发了。

对于法国来说，这显然是一个恢复在欧洲霸权地位的大好时机。法国可以从德国手中夺回失地阿尔萨斯和洛林，取得萨尔煤矿区权益。

此时，戴高乐意识到，法兰西将经历许多困难，人生的快乐就在于有一天能为自己的祖国做出某种非凡的贡献，而我将有机会这样做。他兴致高昂，几乎是急不可耐地参与了战争。

戴高乐在后来的《回忆录》里写道：

1914年8月5日，再见了，我的书籍，我熟悉的东西。生活显得多么紧张，当一切也许即将停止时，最小的事情也变得多么突出。

今天早晨，我们团已经井然有序地起程了。很少有人来看我们出发。有些坚强的人忍住了自己的眼泪。上前线吧！这肯定是全体一致的激情，我过去曾经梦想过的、但现在遭到压抑的热情。

法国的第一个军事行动是进攻比利时。戴高乐所在的第三十三步兵团受命于8月5日从安拉斯城起程，开赴比利时。

戴高乐信心百倍地在日记上写道："每个人都动员起来了。这种强压着的激情是我梦寐以求的。"

第三十三步兵团原属后备力量，但由于德国攻势极猛，法军退至横贯迪

南的摩斯河上，第三十三步兵团奉命守住摩斯河大桥，阻止德军过河。

8月15日，第三十三步兵团与德军交火。戴高乐在他参加的第一次实战中大腿负伤，先后被送到巴黎、里昂和安拉斯治疗，年底又重返前线。

这时，戴高乐所属的步兵团已开往香巴尼，贝当已经调离三十三团并提升为旅长。新团长是克罗戴尔上校。

戴高乐离开战场的3个月期间，战局发生了很大的变化，从海峡到瑞士一线，交战双方一直在僵持着。戴高乐执行了许多次很危险的侦察任务，给部队带来了重要的侦察信息。

1915年年底，战争僵局有了突破，德国军队准备向凡尔登大举进攻。法国军队面临严峻考验。指挥凡尔登防务的是第三十三步兵团的前团长、后晋升为将军的贝当。

1916年2月21日清晨，天气奇寒。7时15分，沿着几公里前线，隐蔽的德国炮群以一小时10万发的速度，把炮弹射进堡垒综合体。有200多万发炮弹如牛毛般落在了布拉特邦、凡尔登和奥内尔村庄的三角地区中，把法军的前沿堑壕都炸没了。经过12小时轰击后，德国搜索部队在黑暗里摸索着前进，以试探法国的抵抗力。

到2月24日，德军攻破了法国的主要防线，俘获了10000名士兵，缴获了65门大炮和大量机枪。

与此同时，大量的德国火炮接踵而至，在他们的步兵部队之前，射出连续不断的滚滚炮弹，夷平了堑壕，炸毁了碉堡，并把森林炸成碎片。

在悲惨的战场形势下，3月2日，担任第三十三团上尉的戴高乐主动请求把他的连队调到战斗最猛烈的凡尔登前线。

这场号称"绞肉机"的凡尔登战役打得十分猛烈。德军集中兵力兵器包括使用窒息性毒气、喷火器和轰炸机，对西岸法军实施重点突击，但遭法军炮火猛烈反击。

从3月5日起，德军扩大了正面进攻并将主突方向转移到摩斯河西岸，企图攻占两个高地，解除西岸法军炮兵的威胁，并从西面包围凡尔登。

德军的重炮在戴高乐所在的杜澳蒙阵地上轰炸，大地在不停地颤抖。密集的高爆炮弹，使大地震撼，把人体、瓦砾和装备像稻谷那样飞掷到天空。爆炸的热浪把积雪都融化了，使弹穴里灌满了水，许多伤兵就淹死在里面。眼睛失明和血肉模糊的人摸索着到洞穴里图个安全，就倒在他们的同伴身上，把他们淋得浑身是血。

在阵地上，由于爆炸声大得出奇，戴高乐同前方和后方的一切联络都无法进行，所有的电话都被切断，所有派出的联络官都被打死。

最后一名联络人员身负重伤对戴高乐说："德国人离我们只有20米。"戴高乐握着手枪，注视着敌人，准备不惜任何代价和战士们守住这条通道。

德军的进攻集中在第十连左侧的第十二连。随即，德国人来到第十连的后面。

此时此刻，人们看到了一种凄惨的景象：戴高乐命令步兵第十连全连上刺刀冲锋，第十连的勇士径直扑向眼前这些靠猛烈的肉搏到达村子的大批德国兵。

几乎就在同一瞬间，一颗子弹击中了戴高乐。他的上司布尔多上校眼见他倒在血泊中，以为他已阵亡，眼含泪水写信给戴高乐的双亲和已晋升的贝当将军。

贝当于5月1日离开凡尔登，去指挥中央集团军群。他一听说戴高乐阵亡，十分悲痛，为此发布了正式的表彰令。

贝当的表彰令说：

> 戴高乐上尉，连长，以其高尚的智力和情操著称。当他的营遭到致命的轰炸，造成大量伤亡时，当德国人从四面八方包围他的连队时，戴高乐指挥部下，进行猛烈的突击和猛烈的肉搏。
>
> 他认为，这是与其军人荣誉感一致的唯一解决办法。他在混战中倒下。这是一名在各方面都无与伦比的军官。

凡尔登战役是典型的消耗战、阵地战。双方参战兵力众多、伤亡惨重。在此役中，法国死、伤、被俘和失踪的人数，合计在55万人以上。德国也损失了45万人以上。由于伤亡惨重，凡尔登战场被称为"屠场""绞肉机"和"地狱"。

这同当时的战法有关，当时都是密集队形冲锋，在防备严密的火力面前就仿佛是一群往绞肉机里钻的绵羊。而且指挥官在当时也没有其他办法，除了冲锋就是冲锋，完全靠人来堆。戴高乐在冲锋中如果真的"以身殉国"，那么，二战战史和整个西欧的现代史都得改写了。

实际上，戴高乐在战斗中被德军的刺刀穿过了大腿，自然摔倒在地上，直到他被毒气熏晕。像他部队的所有伤员一样，在恢复知觉时遭到德国士兵的包围，结果被俘。

戴高乐是一位顽强不屈的斗士，性情倔强，他怎么能忍受在战俘营中被迫为德军服苦役的生活！在三年零三个月的战俘营生活里，他意外的收获可不小。

他始终不放弃逃跑的努力。被俘后，戴高乐被送到尼兹战俘收容所，在这里，他把伤养好后就琢磨如何逃跑，以回到法国继续作战。

一天，他偷到一套德军军士的服装换上，悄悄地溜出了收容所。可是，这次逃跑失败了。因为他的个子太高了，而他偷的那身德军军装却太小了，衣袖刚到胳膊肘，裤腿也仅过膝盖，穿在身上看起来非常滑稽可笑。所以他没有逃多远就被抓了回来。

随后，他被关进设在立陶宛的惩戒营。这里是环境更为恶劣、条件极差的地方。

5个月后，他被送到哥尔斯塔特第九堡垒战俘营，这里戒备森严，专门关押曾经试图逃跑的战俘。然而，戴高乐脑子里唯一的念头就是逃跑，他甚至觉得这是自己作为战俘继续活下去的唯一理由。

这次怎么逃跑？戴高乐想出了一个办法——自残！他偷偷地服用了大量的苦味酸，这是一种做柠檬水的原料，喝多了会出现一系列特别可怕的重度

黄疸症状，如眼黄、脸黄、尿黄等。

当时，戴高乐喝完照镜子时，连他自己都吓坏了。不过他终于如愿以偿，很快被送到当地战俘医院治疗。

在医院里，戴高乐终于找到了一个机会，与另一个名叫迪派的法军少尉商定逃跑。他们又偷来一套德军军装，迪派化装成德军护士，搀扶着假装生病的戴高乐，混出了大门，立即向瑞士方向逃跑。可是，这一次又失败了。5天5夜又冷又饿的路程，使他们疲倦不堪，像流浪汉一样狼狈，所以当他们走到乌尔姆时被德军发现，又被抓回了战俘营。

就这样，戴高乐在战俘营里以不同的方式先后逃跑了7次，最终还是没有逃出去。德军对这个法国大个子屡教不改的逃跑行为极为恼火，再次把他从条件相对较好的罗申贝格战俘营送回哥尔斯塔特第九堡垒战俘营关押。

他重新按捺自己焦急的心情，静静地反思。是啊！他是勇敢的，他受过表彰，可是却没有立下赫赫战功，这是他最大的遗憾。1918年9月1日，他写信给母亲诉说了自己内心的痛苦：

> 假如从现在起到战争结束之前，我不能重新参加战斗的话，我还会在军队里干下去吗？况且，等待我的又会是怎样平庸的前程呢？

逃跑不成，也不能老老实实地当战俘。戴高乐对曾经给予法国奇耻大辱的德国极为仇视，为了打败德国，他必须要了解德国。于是，他利用在战俘营的时间，开始了对德国国情与民族特点的了解。戴高乐德文水平不错，能够熟练地阅读德文报纸。

他通过狱中的德文报纸，密切关注战争的进展，而报纸中所披露的事情，是在实行严格新闻检查制度的法国难以看到的。他做了许多摘记。在狱中的这些收获，后来成为他撰写第一部著作《敌人内部的倾轧》的基本资料。

他利用被囚禁的机会，积极地同周围的难友们进行交流沟通，博得了一个"大元帅"的美誉。人不仅具有自然属性，同时也具有社会属性，在什么情况下都需要有交流。交流的方式、内容与质量，决定着能否成为交流场的磁心，能否通过交流营造一个良好的人际关系，也反映出这个人的素质和能力。

他的狱友蕾米·卢尔曾经这样评价战俘营中的戴高乐：

这位个性倔强、看起来有些冷漠的年轻人，身上有一种坚强的意志，他善于克制自己的精神危机和感情冲动，他一刻也不愿意闲下来。但是从他身上我看到了法国人沉着、理智、自我克制的优点。

如果司汤达还活着，他们肯定会成为莫逆之交。他总是抓住时机增长见识，而且非常乐意毫无保留地把知识传授给别人。他是我们这个圈子中的核心。大家对他产生一种敬畏之感，把他称做"大元帅"。

青年戴高乐志向很高，即使身处逆境也不失作为一个领袖人物的抱负。25年后，英国首相丘吉尔也称戴高乐为"大元帅"。从狱友们的戏称到他国首脑的尊称，靠的是戴高乐自身永不屈服的个性。

戴高乐在四年的对德战争中，有一半以上的时间是在战俘营中度过的，这对于戴高乐这个血气方刚的爱国青年来说未免是件憾事。

1918年11月3日，奥匈帝国宣布投降。11日，德国军队放下了武器，德方代表前往巴黎东北的贡比涅森林，在法国福煦将军的行军火车上签署了停战协定。第一次世界大战宣告结束。

1918年12月，戴高乐回到法国，到达拉利格里时，父亲带领全家人去火车站迎接他。刚跳下火车的戴高乐激动地拥抱着父亲，又俯下身子紧紧地抱着泪流满面的母亲。

"夏尔，你受苦了。"母亲凝视着清瘦而略显颓废的儿子，心疼地说。

"一切都过去了，不是吗？"戴高乐微笑着，眼神中多了几许镇定和成熟。

虽然戴高乐在战俘营中度过了4年，但由于他在都奥蒙堡一役中的出色表现，他获得了一枚最高荣誉骑士勋章。

1919年春天，戴高乐随法国军事代表团到了波兰。

戴高乐初到波兰被派到波兰朗伯尔托夫军官学校担任教官，讲授战术学。不久，法国驻波军事代表卷进了俄波战争，戴高乐和波兰第五轻步兵团一起参加了反对苏维埃的战争。

1921年3月，俄波战争结束后，戴高乐奉调回国。就在这一年的4月7日，戴高乐与伊冯娜·旺德鲁在加来地区圣母院举行了结婚典礼。

出版专著
引起高层关注

1921年10月1日，戴高乐调往圣西尔军事学院担任战术史教员。志在戎装的戴高乐当然无法安于普通教员的生活，于是在1922年11月，考入高等军事院校。

戴高乐从高等军事院校毕业后，在总参谋部所属的运输供给局工作了3个月，随后被调任美因茨区法军司令部。这一年，戴高乐出版了他的第一部著作——《敌人内部的倾轧》，这是根据他被俘期间在狱中的笔记整理完成的。戴高乐此时已34岁了。

这本书深刻反映了戴高乐日趋成熟的性格，他引用凡尔登战役中的一个事例，阐明了他的看法："战争中，除了某些基本原则以外，没有什么可以普遍采用的形式，而起决定作用的只有实际情况和人的个性。"

对个性的强调在戴高乐的思想中已开始初露端倪。

《敌人内部的倾轧》在某种程度上引起了贝当的注意。1925年10月，在美因茨窝窝囊囊待了近一年的戴高乐受命到贝当的办公室任职。这时的贝当已是法兰西最高军事会议副主席、三军首脑和法军总监了。

5年后，戴高乐又出版了《剑刃》一书。他在书中表明了自己要成为怎样的人。戴高乐完全按照他所刻画的形象来塑造自己，他对领袖人物的描写，自己都一一实现了。

1927年9月，整整当了12年上尉的戴高乐终于成了戴高乐少校，并于12月被委任为派驻特里尔的第十九轻步兵营的营长。

戴高乐少校治军甚严，士兵经常处于警戒状态。在进行打靶、队列训练

和各种竞技活动等军事操练之余，则开展体育比赛、戏剧表演和联欢活动。

当然戴高乐少校也没有忽视士兵们的文化教育，他经常召集士兵们听他的讲演，内容不外乎法国历史、军事战略战术等，因此他很快得到了士兵们的爱戴。在他担任营长的两年时间里，贝当又多次为他遮阳挡雨。

不屑于趋炎附势的戴高乐后来还是给贝当制造了一次麻烦，事情的起因在于新兵都不喜欢在气候寒冷、人地两生的特里尔服役，有些人就通过身居要职的亲戚设法调回法国本土。

戴高乐对此大为愤怒，他颁布了一个通告，凡是要求调回的轻步兵将一律受到惩处，全营官兵每天都要诵读这个通告一遍。

之后不久戴高乐就接到调动一名士兵的电令，他非但没有执行，反而把这个士兵关了两个星期的禁闭。

而这个新兵是在戴高乐颁布命令之前就拜托了一位议员的，不过，即使戴高乐知道也不会改变他的决定的。

这位恼羞成怒的议员向陆军部长告了一状，陆军部下令调查，如果这个错误成立的话，戴高乐将受到关60天禁闭的处分。于是戴高乐直奔巴黎，面见贝当陈述事情的经过，贝当又一次帮助了戴高乐少校，最终陆军部长决定不予追究。

不过，贝当和戴高乐的"甜蜜"关系已经趋于破裂。贝当已经开始意识到戴高乐不再是俯首帖耳的顺民了，也许他从来就没有"是"过。这个刚愎自用的"家伙"其实用处并不像他原先想象的那么大，相反还总是令他难堪。

1931年年底，戴高乐从中东回国后，到贝当主持的最高国防委员会秘书处工作。两年后，被提升为中校。

从第一次世界大战结束以来的10多年中，戴高乐多次调动过驻防地点，但此后的六七年内，他相对稳定在军界首脑部门进行军事战略研究工作。直至1937年年底，他晋升为上校后被任命为驻麦茨的第五〇七坦克团团长，才回到军事指挥的岗位。

戴高乐在当时的军事战略上，有自己鲜明的观点。他认为，在战争条件下，法国的地形很不利，尤其是与比利时接壤的法国边界更加脆弱。英国和美国可依靠天堑之险，西班牙和意大利各自有比利牛斯山和阿尔卑斯山作为屏障。法国首都巴黎周围都是一马平川，无险可守。

在这种情况下，构筑再坚固的防御工事也无济于事，唯一的办法是建立一支可以立即调遣的机动力量，也就是说，"一批常备的、团结的和能够熟练地掌握使用武器的队伍"。而且要在陆地、海上和空中都有一批"精选人员"。

他认为，全部现役人员应该在10万人左右，由常备军组成，他们应在精锐部队中服役6年，掌握专门技术，培养进取精神和集体精神，而且在指挥方面也要有相应变化，以适应机械化战争的瞬息万变的局势。还要注意发展无线电通信系统。

戴高乐当时军衔不算高，人微言轻。在关键时刻，国会议员雷诺给了戴高乐重要帮助。

1935年3月15日，雷诺在国民议会上发表演说，建议建立一支机械化部队。

但是，决策阶层的顽固势力太强大了，雷诺的计划被宣布为"无用，不受欢迎，违反逻辑与历史"，遭到了国民议会陆军委员会的拒绝。国防部长莫林将军还把这种军事战略上的争论，转化成对戴高乐的愤恨，把戴高乐从1936年的晋升名单中勾掉了。

局势的发展开始朝着有利于戴高乐的方向发展，法西斯主义在德国和意大利都已占据了绝对的统治地位，在西班牙佛朗哥也建立起法西斯统治。

因此在1936年上台的莱昂·勃鲁姆主持下的人民阵线政府，拟定了一个庞大的国防计划，其中大部分用于坦克和空军。

这一年10月的一个下午，莱昂·勃鲁姆会见了戴高乐。戴高乐与勃鲁姆的会面并没有达到他预期的目的，不过戴高乐总算给勃鲁姆一个说得过去的印象。

这时，戴高乐已开始在成立不久的高级军事研究中心供职，后来这个地方以"元帅之校"而知名。与政治家打交道使戴高乐感到幻想破灭，不过也养成了他对政治的终身兴趣和对政客的极端蔑视。

1937年年底，陆军部长达拉第不顾甘默林将军的反对，把戴高乐的名字重新列入晋升名册，随后又任命他为驻梅斯的第五〇七坦克团上校团长。

这实际上是明升暗降，陆军部的那些人对戴高乐晋升的反应是"幸灾乐祸"，一则可以把他赶出陆军部；二则存心要看看总是鼓吹纸上坦克的戴高乐，用钢铁坦克能搞点什么名堂出来。

戴高乐一点不为离开巴黎而感到失落，他对自己的新职位十分满意，因为这是一个在实践中检验他的理论的绝好机会。他全然不顾坦克上的油污，戴着他的白手套，兴致勃勃地搞他的军事训练，因此得到了一个颇有敬意的外号——"摩托上校"。

1938年7月14日的国庆日演习中，戴高乐指挥他的坦克以别开生面的阵势让那些长官们大开眼界。不过梅斯的军事长官吉罗将军，一方面就坦克团的训练有素对戴高乐表示祝贺；另一方面他又说，只要他还活着，就别想在他的防区看到戴高乐的理论付诸实践。

可想而知，戴高乐的设想仍未能实现。就在这次演习后不久，戴高乐的父亲亨利·戴高乐去世了。

11月份，他的老朋友，一贯支持他的埃米尔·梅耶上校也去世了。生活中一下失去了两个对他具有重要意义的长辈，的确是令人伤感的。然而，更令戴高乐忧虑不安的是欧洲局势的发展。

1938年9月29日至30日，希特勒、墨索里尼、张伯伦和达拉第签订了臭名昭著的《慕尼黑协定》。在此之前的3月，希特勒占领了奥地利，实现了他计划已久的德奥合并，希特勒独霸整个欧洲的野心已经昭然若揭。

但是法国国内仍然麻木不仁，多党派政治导致的内阁动荡、更替频繁，并没有因为大战临近而有所改观，从1938年3月至1939年9月短短一年半的时间，内阁就更换了3次，政府的不连续性使法国的内政外交颇受影响。

尽管达拉第与张伯伦一再退让、妥协，但战争还是来到了家门口。法国政府战争准备严重不足。等待时机的戴高乐终于在这一期间脱颖而出。

1939年9月1日，希特勒出兵波兰，并在短短16天的时间内就占领了这个饱受凌辱的国家。

9月17日，苏联军队也从波兰东部边界进入这个国家。曾经在《洛迦诺公约》对波兰领土保持完整作出保证的法国和英国，还未做出反应，这场入侵就已经结束了。

实际上，如果英法在西线采取行动的话，这场世界大战即使不能避免，至少一开始就会给希特勒当头一棒。然而，英法仅仅是于9月3日向德国宣战，除此以外不仅没有采取任何实质性措施，反而听任希特勒把战火燃到北欧。

此时的戴高乐率部驻守在阿尔萨斯，他目睹风云变幻，忧心如焚，却因远离决策中心，无能为力。

11月，他致信总参谋部，继续不遗余力地阐述装甲部队的效能，再次提出绵延漫长的战线是难以防守的。

1940年1月，他按捺不住自己的满心焦虑，到巴黎再一次游说。在雷诺的住所，他遇到了前总理莱昂·勃鲁姆。他们谈起战局，勃鲁姆竟然认为：德国人既不可能东进，因为那样会使他们深陷于苏联的领土中；他们也不可能西进，因为他们无法对付马其诺防线。

可见，法国政界人物对德法力量的对比，无知到何种地步！而法国民众的态度也就不难推测了。

1月26日，戴高乐又做了最后一次努力。他给最高统帅部和政界的80位要人各送了一份备忘录。

在备忘录中，他指出：

<blockquote>
敌人将从空中和陆地两方面以极强大的机械化部队大举进攻，法国的防线将随时被突破。只有用机械化部队对付机械化部队，才能在一定程度上奏效，必须立即作出建立必要的机械化部
</blockquote>

队的决定。必要时可与英美合作，制订出一项"宏伟计划"，建立一支能独立作战的机械化部队。

但是戴高乐只是白费笔墨而已，他的所有建议都如石沉大海，没有引起统帅们的注意。

法国灾难性的时刻终于来临了。

5月10日，希特勒的军队于拂晓时分侵入荷兰、比利时、卢森堡，在西线发动了攻击。尽管从多种渠道已获得德军即将进攻的情报，但由于长时间的"西线无战事"，法国人不可避免地措手不及。

就在法兰西民族到了生死存亡的危急关头，戴高乐的人生道路也到了紧要关口。

6月5日夜间，雷诺改组政府，任命戴高乐为国防部次长。

6日清晨，坦克部队总监德勒斯特兰将军听到广播后叫醒了戴高乐，告诉他对他的新任命。

戴高乐显得很平静，也许他事先已有耳闻。因为6月1日，魏刚将军召见他时，他曾顺道拜访过雷诺。不过表面上的平静掩饰不住内心汹涌的波涛。

尽管形势危急，他作为军人可以在战场上英勇杀敌，但是两次参加战斗已经使他意识到，法国军队的问题不在那些愿意拼死一战的将士，也不在装备、军械上，而是在那些一心只想求和的最高统帅部的决策人物身上。

这个时候进入内阁，也许还能起点作用，通过这种方式进入法兰西的心脏，可以参与决策，可以影响首脑人物，可以……不过，戴高乐心中也有一丝隐忧，凭他对那些高官们的了解，他不可能不明白他的力量是多么微小。尽管各种想法在心中往复交织、挣扎不已，戴高乐还是怀着些许憧憬走马上任了。

他一到巴黎，马上就到战时内阁总部见了总理。

不过，雷诺的决心远不如戴高乐坚定，雷诺虽然希望战斗到底，希望法国最后能够胜利，但是自从他上台开始，就被包围着他的失败主义者们所左

右。

而且大战开始后，法国的溃败和混乱更使他的决心摇摆不定。因此他的政府在战争开始后，总在主战与主和之间摇摆，和英国的关系也时好时坏。

随着德国人的步步进逼，法国和英国的关系也日趋恶化，贝当和魏刚为代表的失败主义者，不断地谴责英国见死不救，向英国提出一些不切实际的要求。

正如魏刚在和戴高乐谈话时说的那一连串"如果"一样，把在法国本土上抵御德国侵略者的希望寄托在英国身上，一再强调英国的"责任和错误"，却不认真地履行自己的基本义务，实际上是在为下一步停战求和寻找借口：既然英国无法履行他们应尽的责任，为了避免更大的损失，法国只有停战求和。

而戴高乐之所以有坚定的信心，最重要的原因在于他对法兰西民族始终不渝的热爱和坚信。

戴高乐自小生活在一个视祖国为第一生命的知识分子家庭，成年后在军队服役，和政党政治没有什么牵扯。因此他一旦下定决心，就不会受任何政治上的干扰，甚至包括其他国家态度的干扰。

当然，个人意志也是一个不可忽视的重要因素，戴高乐一直都以意志坚定著称，一旦他认定是正确的事，他从不让步，哪怕因此而得罪了上司，影响升迁也在所不惜。

雷诺要戴高乐去见丘吉尔，不仅要他向英国政府表示法国将继续战斗，而且要戴高乐设法从伦敦获得可靠保证，保证皇家空军特别是战斗机将继续参加法国的战斗，并探询一下撤离敦刻尔克的英军还需要多长时间才能重新装备起来，派回大陆作战。

在访问前，戴高乐又一次拜访魏刚将军。

这次谈话给戴高乐留下了如此深刻的印象。魏刚虽然依旧镇定自若，但是已经甘心失败并且决定停战了，他甚至说："法兰西帝国那只是一个玩笑而已！至于全世界，当我在这里被打败以后，英国人用不着一个礼拜就会和

124

第 二 次
世界大战
著名人物

德国谈判。"

他紧接着说的那句话暴露了他最害怕的：不是失败，而是革命。"啊！如果我能有把握使德国人给我留下必要的部队来维持秩序的话，那就好啦！"

实际上，魏刚说出这样的话来一点不让人惊奇。自从战争开始后，掌握法国政权的右翼势力表现出来的姿态就是，他们宁可一再迁就德国，即使丧权辱国，也不愿看见暴力革命的发生。

达拉第执政期间，大肆搜捕共产党人，却允许法西斯党徒四处活动。魏刚的这番话不过是把他们的担心放到桌面上了而已。

戴高乐尽管吃惊，还是告诉魏刚，他的看法和政府的意图正好相反，纵使战争失利，政府也不会放弃斗争。听了戴高乐的话，魏刚未发一语。在魏刚的总部所在地，戴高乐还与来请示工作的各个参谋部的熟人交流了看法，这些人都一致认为这场战争输定了，尽快结束战争是最好的解决办法。

可以想象，戴高乐看到的、听到的种种情况使他的心情多么沉重，整个国家的绝大部分掌握各种权力的人都丧失了信心。

但是他仍然认为，一旦政府果敢地作出决定，在帝国范围内继续斗争的话，这些悲观失望的人们的思想仍然可以扭转过来，勇气也可以重新燃起。

基于这种认识，行前戴高乐又见了雷诺一次，开门见山地建议撤销魏刚的总司令职务，换上洪齐格尔将军。雷诺的回答含糊其辞，他虽原则上同意戴高乐的意见，但认为这时候进行人事更动是不可能的。

事实上，由于雷诺的动摇不定，这个建议从未实施。不过，那时即使更换了总司令，恐怕也不会有扭转乾坤的希望。

虽然深感孤立，戴高乐在去伦敦前仍拟订了一项把部队都运往北非的详尽计划。这意味着要把50万军队撤往北非，法国的飞机和海军都要投入使用，而且还需要有50万吨的船舶动力。这一切全要靠英国来帮助。

流亡英伦
树起反法西斯旗帜

1940年6月9日，丘吉尔很快在唐宁街10号第一次接见了戴高乐。会见后，戴高乐对丘吉尔的"第一个印象"是好的。

但是在涉及问题本身时，丘吉尔并没有满足法国的要求，因为丘吉尔断定法国是输定了，法国本土不可能重建防线，所以他断然拒绝派空军支援，只同意把曾在比利时作战残存下来的部队留在法国。

戴高乐从英国回来后不久，政府已不能在首都视事了，先迁往图尔，然后又迁往波尔多。然而波尔多也绝非偏安之地。

时局进一步恶化，投降派更加紧锣密鼓地活动。巴黎失陷的前一天，丘吉尔来到图尔，他只能做一番道义上支持的姿态，雷诺神情颓然，魏刚当着丘吉尔的面向雷诺报告：法军已经筋疲力尽，全线崩溃，陷于极度混乱之中，因此除请求停战之外别无他途。法国政府乱作一团。

当丘吉尔离开会议厅、穿过通向庭院的过厅时，看见戴高乐冷峻地、毫无表情地站在门口。在相互致意后，丘吉尔用法语低声地念叨了一声"honundedestin"（意为应运而生的人），便匆匆而去。

戴高乐决定在这降与搏的最后关头尽最大努力把部队转移到北非去。为此，首先要挫败投降派的阴谋，只有这样，法国政府才可以堂堂正正地主动撤离，继续坚持抗战。

然而投降派的势力太大，雷诺能坚持多久呢？戴高乐深知阻力极大，但仍然于6月12日带着移师北非的计划来见雷诺。此时，德国军队已经渡过塞纳河，巴黎的失陷在旦夕之间。雷诺决定把政府迁往波尔多。

贝当、魏刚等包围了雷诺，反对一切移师北非的抗德方案。海军上将达尔朗曾经表示要打到底，但是当戴高乐敦促他无论如何不能使法国舰队落在德国人手里的时候，达尔朗却转了180度的大弯子，听从了魏刚的命令。

国务部长让·伊巴尔内加来也曾经是少数主战派当中的一个，但事到临头却说："作为一个老军人来讲，除服从我的上司贝当、魏刚元帅以外，就没有什么东西能决定我的看法了。"

丘吉尔正是看到法国局势垂危，所以匆忙赶到法国，向雷诺提出不能将舰队落入敌手。如果英国连对法国舰队也不能指望，那么法国对英国还有多大用处呢？

不出所料，巴黎终于在6月14日被德军占领。这期间，戴高乐奔走于英法之间，他想通过借助英法联盟的力量，对雷诺起一些精神上的刺激作用和鼓励作用。也可以多少牵制一下投降派的阴谋。

戴高乐决心下定，要与德国法西斯战斗到底，但在法国本土已根本无法立足了。

6月17日上午9时，戴高乐偕妻子女儿，飞往伦敦。

戴高乐抵达伦敦后，专门向法国国防部发了一份电报，内容说：

我已达伦敦。昨日曾根据雷诺先生的指示，与英国国防部就以下问题进行了磋商：第一，一切由美国政府向盟国提供的军备物资均将储存在英国领土，这不影响已经协议的或即将协议的分配方案；第二，目前在法国的德国战俘将在波尔多移交给英国军事当局。

关于英方就德国和北非间人员和物资的运输提供援助问题，我已向英方要求从6月19日起，在3周内援助50万吨位的轮船。我现在处于无权地位，我应否继续磋商？

可是，贝当政府已经作出了投降的决定了，戴高乐所请示的有关抗战的

事情也就无关紧要了。戴高乐接到的复电是召他回国的"命令"。

戴高乐立即给魏刚复信说，只要不投降，我愿意参加可能组织起来的任何法国抵抗力量。

6月30日，贝当又发了一道命令，叫戴高乐到图卢兹的圣米歇尔监狱去"自首"，听任"战争委员会"的审判。

委员会先是判处戴高乐4年徒刑，后来根据当了伪政权国防部长魏刚的指示，改判戴高乐"死刑"。

戴高乐在伦敦与丘吉尔会晤时指出：只要贝当一公开宣布投降，他就通过英国广播电台向全世界宣布：自由的法兰西将继续战斗。

于是他于6月18日下午6时，坐在英国广播电台的播音室里，向全世界，也向沦亡的法国，发表了具有历史意义的"六一八"演说。

戴高乐郑重宣告：

> 法国并非孤军作战。它有一个庞大的帝国作后盾。它可以与控制着海洋并在继续作战的不列颠帝国结成同盟，也可以像英国一样充分利用美国巨大的工业资源。

他号召：

> 我，戴高乐将军，现在在伦敦。我向正在英国领土上和将来可能来到英国领土上的持有武器或没有武器的法国官兵发出号召，向目前正在英国领土上和将来可能来到英国领土上的一切军火工厂的工程师和技术工人发出号召，请你们和我取得联系。
> 无论发生什么情况，法兰西抵抗的火焰不应该熄灭，也绝不会熄灭！

就这样，戴高乐在海峡彼岸的伦敦，树起了第一面法国反抗德国法西斯

的旗帜。

戴高乐的事业，在开始时得到的最重要的支持来自英国。

6月23日，英国政府发表公告，不再承认贝当"政府"是法国的政府。

6月28日，英国政府正式宣告：英国认为戴高乐将军是世界各地的自由法国人的领袖，将为前来投奔戴高乐的人提供方便。

6月30日，海军中将爱米尔·米塞利埃来到伦敦，表示支持戴高乐。

同时，在利物浦附近驻扎的法国阿尔卑斯山轻步兵师内服役的军官，如柯尼希上尉和安德烈·德瓦弗兰上尉及蒂埃里·达尔让利厄海军上将也投奔了戴高乐。

募兵工作虽然不如想象的那样一帆风顺，至7月14日法国国庆日那天，第一支"自由法国"的队伍终于组织起来了。

戴高乐（右）、丘吉尔（左）和麦克阿瑟（中）（蜡像）

这一天，戴高乐在白厅广场上检阅了他的战士。检阅完毕，他向第一次世界大战盟军司令、法国的福煦元帅雕像献了红、白、蓝三色花束。同时，确定"洛林十字"为自由法国武装的标记。

一个星期以后，第一批戴高乐的空军部队对鲁尔区进行了轰炸。至7月底，戴高乐已经动员了7000之众。

8月，戴高乐在泰晤士河畔的圣史蒂文大厦安置了自己的办公室。自由法兰西政府初具规模。

8月7日，《丘吉尔—戴高乐协议》向全世界发表，协议载明戴高乐是自由法国武装力量的最高统帅。但协议中写明戴高乐也要听取英国统帅部的一般指示，而且协议也没有按照戴高乐的要求，明确英国要对恢复法兰西帝国的疆界作出保证。

戴高乐由此感到他不能完全依靠英国，必须到非洲殖民地去寻找更广阔，更坚实的基地。戴高乐决心为他所首创的自由法兰西选择一条独立发展的道路和一个更坚实可靠的基础。

10月24日，戴高乐到达布拉柴维尔。这时，"自由法国防务委员会"的人选已经就绪了。

10月27日，是继6月18日后另一具有历史意义的日子。这一天，戴高乐发表了有名的《布拉柴维尔宣言》，宣言指出：

设在维希的贝当政府已经沦为敌人的御用工具。因此，必须建立一个新的政权来承当领导法国投入战争的重担。

我们将为了法国去完成这项伟大的任务，竭诚为它服务，确信取得胜利。

防务委员会行使政府的职能，自由法国从此有了它的政权机构。

1941年9月21日，戴高乐所领导的第一任自由法国全国委员会，像一个政府那样组织起来。委员会不仅健全了经济、财政、外交、军事、司法、教

育等政府机构，而且任命了部门官员。戴高乐自然成为委员会主席，即当然的政府首脑。

至此，戴高乐完成了3件在法国现代史上有转折意义的大事：

第一，从法国沦陷的第一天起，他还只是孤身一人的时候，就以大无畏精神高擎起抗战的旗帜，向法国人民发出了救亡的战斗号召；

第二，由于他代表了民族利益，所以很快赢得了一批军政人员的支持，在广漠的西非各地树起了"六一八"的旗号；

第三，在不长的时间里有了一支为自由法国所用的武装力量，不仅有陆军，还有空军和海军。这一切都给年过半百的戴高乐提供了施展才华的广阔天地。

自从丘吉尔与戴高乐初次会晤以来已经几个月了，彼此都互相钦佩，但是他们之间也有摩擦。戴高乐发现这位强大的朋友时常不按照自由法国的意愿办事，有时竟不顾损害戴高乐的利益。

戴高乐身在伦敦，但绝不想长期寄人篱下。

戴高乐与丘吉尔之间，慢慢地产生了一些看不见的裂痕。有一件突如其来的事情，差点儿使戴高乐同英国政府反目。

那是1940年年底，戴高乐从非洲回到伦敦，非洲之行虽然谈不上一切顺利，但无论如何也为1941年的进一步发展打下了一个很不错的基础。

然而，就在元旦那天，新任英国外交大臣安东尼·艾登要求戴高乐火速到伦敦会面。

艾登见到戴高乐时告诉他，自由法国驻英最高司令爱米尔·米塞利埃海军中将与贝当伪政府勾搭，并企图将英法联军的军事情报透露给贝当驻北非的司令官达尔朗。但这个军事情报被英国情报机关截留。

艾登说，丘吉尔认为此事很严重，他在报请内阁批准后，下令逮捕了米塞利埃。

戴高乐听完以后，满心狐疑，他对艾登说："英方手里的情报是否确实很值得怀疑，并没有足够证据，而且英国竟然事前不打招呼就强行逮捕了一

名法国的海军中将，起码是粗暴无礼的。"

戴高乐要求立即释放米塞利埃，他亲自到伦敦警察厅看望了被囚禁者并确信英国情报机关截留的所谓"情报"纯系捏造。

1941年1月8日，戴高乐召见斯皮尔斯将军，强烈要求在24小时内释放米塞利埃，并给他赔礼道歉。否则，自由法国就和英国"断绝关系"。

据说，斯皮尔斯承认确实搞错了，"情报"也的确是假的。第二天，丘吉尔和艾登在唐宁街10号会见戴高乐时，正式表示歉意，并且保证立即释放米塞利埃。

1941年5月19日，戴高乐委派勒内·普利文作为自由法国的全权代表到达华盛顿，争取同美国建立经常性联系，要求美国总统罗斯福及时向喀麦隆、乍得和刚果派驻空军，自由法国控制下的太平洋属地也可以为美国提供便利。

因为美国一旦参战，它必须以非洲为基地，才能向欧洲进攻。但是，普利文6月到达华盛顿后，却受到冷遇。

罗斯福认为，贝当出任法国总理无非是政府领导人的更迭，这无碍于对希特勒的斗争。相反，对于流亡国外坚持抵抗斗争的戴高乐，却认为不可信任。

在总统罗斯福、国务卿赫尔等人的眼里，戴高乐不过是一个"暴发户"，自由法国是一个没有代表性的"非法团体"，在涉及法国利益的问题上就不能同它打交道。

一次，美国国务院准备同普利文和英国驻美使节讨论美国支援英法抗德战争的问题。美国国务院提出，普利文只能以"专家"名义，而不能以自由法国代表身份参加。

普利文向戴高乐报告了此事后，戴高乐当即复电普利文，指示他坚持原则，一定要以自由法国代表的资格参加会谈，否则就拒绝出席。戴高乐指出，自由法国需要的是作战物资，而不是医疗用品之类的救济品。

经过斗争，美国终于作了一些让步。

132

9月，赫尔宣布美国和自由法国之间有共同的利益。

10月，罗斯福也不得不转变对自由法国的态度，他决定把《租借法案》的受惠范围扩大到自由法国。

至此，美国和自由法国总算建立了某种关系，戴高乐终于可以在《租借法案》范围内得到一些美国提供的作战物资。

经过一年多血与火的考验，自由法国运动在戴高乐的领导下，不仅建立了一支精悍的陆海空武装部队，而且在对外关系中也取得了较大的发展。

在这个基础上，戴高乐于1941年9月24日宣告成立法兰西民族委员会，代行政府职能。

这当然是法兰西民族委员会的敌人所不能接受的。卖国的维希政府和德意法西斯立刻群起而攻之。委员会有时被描述成一群丑恶的政客，有时则被说成是一群法西斯冒险家，而有时，则又成了"一群乌合之众的共产党狂人"。

但是，所有这些都在事实面前不攻自破。人民清楚地看到，当国家和民族处于危亡的关头，是戴高乐孤独地发出了最初的战斗号召，举起了抗战的大旗；是戴高乐为首的一些不屈的法国人，在为国家和民族的利益向法西斯统治者宣战。

同时，人们也愈来愈清楚地认识到，正是由于维希政府的投降政策，才使150万法国战俘在法西斯的铁窗下经受各种各样的艰苦；正是由于继任的赖伐尔之流的卖国求荣，才使法西斯匪徒得以在法国横征暴敛，严重破坏了法国经济；正是由于贝当一伙的不抵抗政策，才使德国人并吞了阿尔萨斯、洛林及法国北部的广大领土；也正是他们奉行卖国哲学，才使越来越多的法国人为德国法西斯服苦役。

特别是当人们看到希特勒的飞机在阿勒颇和大马士革着陆，日本侵占了河内和印度支那，维希政府的军队不打敌人反而残酷镇压抗战人民的时候，维希头目们所说的"为了保卫法兰西帝国不惜与任何人作战"的说法就不能欺骗任何人了。

在这种情况下，法国本土的地下抵抗运动，也在戴高乐的影响下秘密地发展起来。不屈的沦陷区人民在极其困难的条件下，纷纷以不同的方式加入了抗战运动。

有的在运输或分散空投偷运过来的军用物资；有的积极编写、印刷和散发传单；有的冒着生命危险，掩护和护送地下工作人员；有的秘密监视敌人，为抗战组织提供情报；还有的则在袭扰敌人，破坏敌人要害部门的通信联络。

在民族委员会宣告成立的时候，法国本土发生了一系列枪杀德国人的事件。

当戴高乐听到这些无视危险单独抗战的沦陷区人民的英勇战绩，他的心情既骄傲又沉重。他认为在敌强我弱的形势下，应当注意保存实力，尽量避免得不偿失的牺牲。为此，他于10月23日通过广播，命令沦陷区人民要讲究斗争策略，目前不要去杀德国人，以保存力量等待进攻的命令。

10月24日，德国法西斯在南特和波尔多各杀害了50名人质。消息传来，戴高乐真是悲愤交加。为了抗议侵略者这种惨无人道的行径，戴高乐在25日的广播中号召说：

敌人以为枪毙我爱国志士便可以吓倒法国，我们将让他们知道，法国是吓不倒的。

我现在吁请全法国的男子和妇女，在10月31日星期五这天，从16时到16时5分，在他们当时所站立的地方停止一切活动，静默五分钟。这是一个巨大的警告，同时也是法国精诚团结的证明。

10月31日16时，全体法国人都响应了他们的战斗领袖的号召，静默示威了足足5分钟，使维希政府和德意志法西斯知道，法国人不可侮，法国人民永远不会向敌人屈服。

　　这以后，各式各样抵抗运动组织，如雨后春笋般在法国本土建立起来。在后来的解放战争中，这支地下军配合盟军，为打击法西斯作出了重大贡献。

　　在伦敦，戴高乐所代表的自由法国运动的影响也越来越大，大不列颠岛不仅成了戴高乐与本土及海外抗战组织联系的纽带，而且成了自由法国反法西斯战士的训练中心。

　　由雷纳上校指挥的轻骑兵、炮兵团、装甲队、工兵支队和信号组，每6个月培养一批士官和专家。由波提上校领导的炮兵辎重处，除负责组织军火生产外，还负责分发由美国依《租借法案》所供应的军事物资。

　　由特里小组领导的"法国义勇军校"训练了大批能干的年轻姑娘成为驾驶员、护士和后勤服务人员。由鲍端司令领导的学生队，培养了数以千计的班排连军官，其中有521人在以后的战斗中奉献了他们年轻的生命。

　　当时，自由法国海军最大的困难就是缺乏军官。在英国这块基地上，海军中校威泽尔和加拉尔领导的"学校舰队"培训了数千名海军人员，到1942年6月，已有700名海军将士英勇献身。

　　战争开始时，法国商船队所有的270万吨船位中有70万吨为抗战服务，在人力极其困难的情况下，戴高乐的海军部还是千方百计补充配置了67艘商船的人力，使这支船队达到5000名海军官兵。至1942年春，这些战士已有25%在海洋上为国捐躯。

　　自由法国的空军更是在极其困难的境况下建立起来的。1941年，戴高乐首先在英国成立了"法兰西之岛"空军战斗队，司令员为西威杜。当他的飞机在法国上空被击落后，便由杜贝叶继任。

　　叙利亚战斗开始的第二天，戴高乐又在埃及成立了"阿尔萨斯战斗队"，它的司令官在保卫伦敦的空战中光荣牺牲。

　　"洛林轰炸队"是在东地中海地区成立的，指挥官毕若在敌人后方执行任务殉职后，由摩里尼接替职务。"布列塔尼"混合队在乍得成立后，就支援盟军在撒哈拉作战。

这些年轻的飞行员，在战斗中前赴后继，表现了自由法国战士大无畏的英雄气概。他们在战斗中牺牲的总数，比所保存的实力多出一倍！

在非洲战场，自由法国的战士们创造了许多传奇的战绩。骁勇善战的勒克莱恩上校兵力少，装备差。

他征集了大约100辆大卡车，运了几百名士兵，带了仅有的一门75毫米的加农炮和几挺不好使的机枪搞长途奔袭，迫使意大利守军投降。意大利人投降后才沮丧地发现，打败他们的那支部队人数少得可怜。

在北非，盖尼将军领导的第一轻装师于比尔哈伊姆地区被德军骁将隆美尔元帅的集团军重重包围，遭到重炮和飞机的轮番轰炸。当时盖尼将军不仅兵力与敌人相差太悬殊，而且武器弹药粮食都很缺乏，加上水源断绝，处境非常困难。

德国人3次命令其投降，盖尼将军每次都以炮火做了回答。经过11天极为艰苦的拼杀，这支5500人的队伍，以1109人的伤亡，击毙敌人3000多名后，竟奇迹般地突破了重围，真正成了"法国的骄傲"。

6天以后，10000多法国军民在伦敦集会，庆祝"六一八"讲话发表两周年。回顾两年的战斗历程，戴高乐不由百感交集，抗战的决心也更加坚定。

他清醒地看到，自己的努力虽然取得了一些成就，但力量仍显得太弱小，艰苦的岁月还在后头，仍需团结、激励更多的人为祖国的解放而奋斗。

戴高乐慷慨激昂地说：

在这两年间，我们过着伟大的生活，因为我们是热情的人。我们选择了最困难、最光荣的战斗的道路。为了祖国的解放，我们不惜牺牲一切。

两年前，在那些黑暗的日子里，当我们大胆地挺身担负起捍卫国家使命的时候，我们就坚信我们的抗战事业一定胜利，法西斯的侵略必然遭到可耻的失败。今天，世界的战局正像我们早先预料的那样胜利发展。

我们知道血和火的考验还没有过去，我们了解敌人还有多大的力量和狡猾伎俩。我们必须团结战斗，忠诚地履行对法国的义务，不到全国解放绝不罢休。

那时我们工作完成了，我们的作用尽到了，我们将追随那些从她的历史开始以来为她服务的人，以及在她永久的未来中为她服务的先驱者。用庇古的话简单地对法国说："母亲，看看您那些战斗得那样艰苦的儿子们！"

是的，法兰西，这位曾为人类现代文明在政治、哲学、艺术、文学和科学上哺育了一大批杰出人才的伟大的母亲，现在正用她那艰苦的、充满希望的双眼，默默地注视为她的解放进行艰苦战斗的儿子——戴高乐和他的战士们！

1942年5月21日，美国新任驻伦敦大使约翰·怀南特拜会了戴高乐。事后，艾登向戴高乐透露，美国可能正在考虑对自由法国全国委员会的态度。

7月9日，美国果然发表公报，承认自由法国是法国抗战力量的象征，美英两国政府认为，法国政治前途将在自由和没有强制的条件下决定。公报虽然措辞含糊，但也能表明罗斯福不能再完全忽视戴高乐的存在了。

7月中旬，戴高乐决定把自由法国改名为"战斗法国"。这时法国国内的抵抗运动已开始承认戴高乐，愿意接受他的领导。

戴高乐感到，自从美国在战争舞台上正式登场以来，盟国间的关系更复杂了。每当自由法国同英国或美国发生摩擦时，英美总是站在一起。戴高乐不可能摆脱"一对二"的局面。

在以后的几个月里，罗斯福一直在玩着排斥戴高乐的把戏，11月8日，艾森豪威尔指挥的英美联军背着戴高乐攻入北非，在摩洛哥和阿尔及利亚登陆，于是卡萨布兰卡、奥兰、阿尔及尔的维希政府驻军被击溃。

11月11日，正在阿尔及尔的维希政府外交部长弗朗索瓦·达尔朗与美国

的克拉克将军签署了停战协定。

令人不解的是，罗斯福居然让达尔朗留下来继续担任在北非的法国代表，原来维希政府派驻的总督诺盖斯等军政人员也一概留任。同时，把来到阿尔及尔的法国五星上将吉罗安排为达尔朗的第二把手。显然，罗斯福根本不想让准备到阿尔及尔来的戴高乐插手。

圣诞节前夜，达尔朗突然被暗杀。吉罗立即接任。在罗斯福支持下，吉罗准备成为法国海外抵抗运动的总代表。

本来，罗斯福在阿尔及尔亲自导演的事件就是对戴高乐的极大冒犯。现在又想让吉罗出来取代戴高乐。这对戴高乐来说，将是更大的挑战。

戴高乐认为，战斗法国的力量已经布满赤道非洲和地中海东部地区，要打回欧洲，解放法国，就必须进入北非，而且这是他1940年6月出走伦敦以来一直为之奋斗的。

为此目的，他可以和吉罗合作。吉罗到达阿尔及尔后，戴高乐多次主动写信给他，建议为建立一个统一的抗德运动进行磋商，但是，无论如何也不能把战斗法国湮没在吉罗领导的运动里。

1943年1月，罗斯福和丘吉尔在卡萨布兰卡举行会议，讨论战局，决定盟军究竟是先在欧洲开辟第二战场，还是先在西西里岛登陆。

根据罗斯福和丘吉尔的安排，吉罗先到了卡萨布兰卡。丘吉尔和艾登出面邀请戴高乐也到摩洛哥来与吉罗会面。开始时，戴高乐严词拒绝，表示他同吉罗会晤与否和在哪里会晤，是法国人之间的事，用不着"盟国高级法庭"来安排。

经丘吉尔一再劝说，戴高乐于1943年1月22日来到卡萨布兰卡。

他第一次见到了罗斯福，也同吉罗进行了谈判，但丝毫未改变原先的立场，不愿同吉罗平分领导权。

罗斯福则固执地认为，法国抵抗运动的领导权既不能交给吉罗，也不能交给戴高乐，而是要用吉罗来平衡戴高乐。

比较而言，罗斯福更喜欢吉罗一些，因为他认为戴高乐傲慢偏执，根

本不把美国放在眼里。他甚至认为，想不出另外一个人比戴高乐更加靠不住的。

罗斯福几乎是强制性地让两个政敌握了手。两个人握了手，也照了相，但是问题却一点儿也没有解决。

4月10日，吉罗向戴高乐提出一项奇特的建议：在阿尔及尔建立法国"海外领地委员会"，吉罗和戴高乐都是这个委员会的成员，但是委员会不具有实际的政治权力。对于这个毫无意义的建议，戴高乐决定不予理睬。

4月15日，战斗法国全国委员会通过决议，一致拥护戴高乐提出的成立一个拥有实权的执行委员会的主张，由戴高乐出任主席。以吉罗为总司令的那部分法国军队置于委员会的领导之下。

全国委员会宣布，戴高乐将以全国委员会主席的名义前往阿尔及尔视事。这就是说，戴高乐的总指挥部将从伦敦迁到阿尔及尔。

经过几年的奋斗，戴高乐的实力和影响有了突破性的发展，他已成为国内外公认的抵抗运动的领袖和旗帜。北非各地都通电支持战斗法国。

战斗法国在国内的影响也迅速扩大，戴高乐派往国内的抵抗运动的代表让·穆兰至5月中旬，已组成了包括各种派别的全国性抗战运动委员会，委员会表示拥护戴高乐，要求迅速在阿尔及尔成立以戴高乐为主席的临时政府。

相形之下，吉罗显然势单力孤，在这种情况下，吉罗于5月17日邀请戴高乐前来阿尔及尔，共商成立中央权力机构的大事。

5月27日，让·穆兰主持召开了全国抗战运动委员会第一次全体会议，以正式声明的形式宣告一个以戴高乐为主席的临时政府将在北非成立。英国和美国的广播电台转播了这项声明。

6月1日，戴高乐向法国记者公布了一项声明，宣布将尽早成立一个法国中央政权，以领导全国的反法西斯战争，这个政权将享有真正的主权。第二天，他本人、卡特鲁将军、马西格利和菲利浦就将同吉罗将军举行会谈，讨论成立法国中央政权问题。

尽管还有许多困难，但胜利已经不远了。

戴高乐把他的指挥部搬到阿尔及尔，是为了准备解放法国。为了解放法国，就必须把反抗法西斯的组织和力量统一在他的领导之下；而为了统一，首先必须战胜吉罗。

戴高乐5月30日抵达阿尔及尔机场时，吉罗已经等在那里了，前来欢迎戴高乐的还有英国和美国驻北非的代表。戴高乐和吉罗的第一次谈话是在从机场到官邸的汽车上进行的，气氛有些尴尬。

戴高乐告诉吉罗，他准备派哪些人参加会谈，然后问吉罗这方有些什么人出席。

戴高乐以十分坚定的口气对吉罗说："无论如何，到现在还留在吉罗身边的那些维希分子一个也不能留在未来的中央权力机构中。"

戴高乐指的是维希政府驻阿尔及利亚总督佩卢东、驻摩洛哥总督诺盖斯和驻西非总督布瓦松。

下午16时，戴高乐到邮政广场向死难者纪念碑献"洛林十字"，聚集在那里的数以千计的群众热情地向他欢呼。

此时，戴高乐的心情是乐观而自信的，他的事业已经有了坚实的基础。他坚信，把那些维希政府派的"总督"赶走，迫使吉罗接受他的领导，是天经地义的，是能够办得到的。只是吉罗背后站着罗斯福，不会轻易就范，还需要一步一步地来。

戴高乐决心对罗斯福的干预不予理睬。

5月31日上午，戴高乐和吉罗如约来到弗罗兰坦中学举行会谈。

戴高乐提出两点建议：

第一，军队必须服从政府，如果在作战中由于与外国军队共同行动而需要受外国将军的指挥，也必须由法国最高当局的命令来决定。

第二，不承认维希政权，所以必须解除几位"总督"的职务。

吉罗则坚持军队有独立于政府的领导权，表示绝不能解除维希分子的职务。但是，会谈的优势不在吉罗一边。让·莫内想从中调解，戴高乐一方的代表态度一致，附会吉罗的只剩下乔治一个人了。

戴高乐取得了第一个回合的胜利。

6月3日再次开会，吉罗接受了戴高乐的主张，正式成立法兰西民族解放委员会，它享有最高权力，军事力量置于这个委员会的领导之下，在委员会向将来组成的正式的临时政府移交权力以前，负责制定国家法律，确立国家政体。会议还决定，三位维希政权的总督都将去职。

但是，这个机构美中不足的是戴高乐和吉罗都是委员会的主席，是一种"双头领导"的怪现象。戴高乐断定，英国和美国还会给他制造麻烦，他还没有取得全胜。

果然，丘吉尔不久即突然在阿尔及尔露面了，艾登也来了。

6月6日，丘吉尔邀请戴高乐、吉罗和委员会其他委员出席"乡村"宴会。

丘吉尔警告戴高乐说，如果吉罗被"吞并"，英美就要采取"一些措施"。有罗斯福和丘吉尔的撑腰，吉罗还不想交出军权。

很快，罗斯福也露面了。

6月10日，罗斯福给艾森豪威尔发了一封电报，说无论怎样也不能让戴高乐把西北非洲都控制起来，美国甚至不惜派特别部队去牵制戴高乐。

一星期后，罗斯福再次致电艾森豪威尔，指示他一定要设法阻止戴高乐控制法国军队。

6月19日，艾森豪威尔邀请戴高乐、吉罗一起谈谈法国军队的"指挥和组织问题"。

戴高乐首先发言，开门见山说他是作为法国政府主席来参加会晤的，按照惯例，国家元首或政府主席有权亲自到他们授予指挥权的总司令部去。

艾森豪威尔是盟军总司令，他应该从这番话里懂得，他手中的指挥权，是由有戴高乐在内的盟国元首授予的，戴高乐绝不会屈尊于与他本人意愿相

反的盟军司令的任何要求。

　　艾森豪威尔和蔼但又语带胁迫地说，盟军很快将在西西里登陆，戴高乐必须保证后方的安全，因此法国军队的统帅和组织应该维持原状，吉罗应该保持现有的权力和职位，并且只有吉罗一个人才有权同艾森豪威尔讨论北非的军事问题。

　　艾森豪威尔以英美两国政府的名义通知戴高乐，如果不按照他刚才所说的去做，英美就要停止向法国军队供应军火。

　　戴高乐坚决驳回了美国的威胁。他指出，法国统帅的组织是法国政府权限以内的事，他反问道："一切作战的国家，譬如美国，都是把作战部队的指挥权交给将军，而有关建军的事项则由部长负责。难道你硬要法国不这样做吗？你是个军人，你认为一个领袖依靠某个外国的恩赐，就能维持他的权威吗？"

　　会谈没有任何结果。戴高乐决定不理睬英美的"警告"，把最高军事统帅权紧紧地掌握在民族解放委员会手中。

　　在这期间，拥护戴高乐的队伍更加扩大，许多后来曾在法国政治生活

戴高乐（雕塑）

143

中起重大作用的政治家，如爱德加·富尔等，都来投奔戴高乐。这大大增加了民族委员会中戴高乐派的力量，戴高乐得以在委员会内组织了一个以他为主席的军事委员会。

吉罗虽然仍负责北非的军事问题，但独立行使职权的时间越来越少了。

7月31日，民族解放委员会由"双头领导"正式变为戴高乐的单独领导。吉罗仍然当他的总司令，但在他的上头有一个由戴高乐任主席的国防委员会，它的前身就是不久前成立的军事委员会。吉罗已经无能为力了。

7月31日，对于戴高乐说来是个很有意义的日子，它标志着戴高乐最后战胜了吉罗。

吉罗虽然还是总司令，在法兰西民族解放委员会的文件里还有副签的资格，但是他必须服从戴高乐的领导。

7月初，法属西印度诸岛也归附了戴高乐，法属海外殖民地都在"洛林十字"的标记下成为战斗法国反法西斯战争的广泛基地。

戴高乐对吉罗的胜利，也可以说是对罗斯福和丘吉尔示威。罗斯福执拗地企图把戴高乐排除在法国抗战队伍之外，使尽了招数。

丘吉尔开始时想把戴高乐拴在伦敦，成为大英帝国的囊中物，但是这位"应运而生"的法国将军，身在伦敦，想的却是维护法兰西帝国的整体利益，最终作为凯旋者回到法国。

戴高乐需要美国和英国的帮助，但是绝不因此而仰人鼻息。他顶住了罗斯福和丘吉尔的种种压力和干预。

丘吉尔与罗斯福不同，他不像罗斯福那样对维希政权抱有幻想。当看到戴高乐不可能就范，战斗法国已经坚实地站立起来时，他不能不想到，日后他还必须和这位刚愎自用的将军打交道。

丘吉尔说服了艾森豪威尔，两人一起向罗斯福陈词盟国必须承认戴高乐领导的法兰西民族解放委员会。但是，问题并未解决，战斗法国仍然不能与盟国平起平坐。

反法西斯盟军在各条战线的胜利，特别是苏联红军在斯大林格勒保卫战

144

所取得的伟大胜利，改变了欧洲战场的面貌，盟军由防御变为反攻。

7月26日，墨索里尼垮台，德意法西斯联盟宣告破裂。从各方面的态势来看，1944年将是一个决胜之年，对于法兰西民族来说将是从德国法西斯侵略魔爪下光复的一年。

戴高乐决心让由他领导的武装力量在解放法国的战役中，发挥最大的威力。

1943年9月18日，戴高乐和吉罗签发了一项备忘录，分送给美、英、苏三大国，坚持法国军队一定要参加在地中海沿岸以及未来的横渡英吉利海峡的战役。

另一份备忘录则提出，盟军解放法国时应该与战斗法国建立的行政机构合作。戴高乐担心会被盟国关在法国政府之外，从而沦为盟国的附庸。

美国和英国依然忽视戴高乐。关于意大利的停战谈判，戴高乐几乎一无所知。

墨索里尼倒台后，继任的巴多里奥政府要求停战，9月3日，美英同意大利签署了停战协定，直至盟军在南意大利登陆，戴高乐才得知此事。

9月9日，戴高乐发表声明，指出法国必须参加一切对意条约的制订，并且对于没有被邀请参加对意停战协议表示不满。

9月10日，法国共产党的武装力量和吉罗所属的部队在科西嘉登陆。

戴高乐于24日发表声明，说科西嘉战役表明法国有能力在解放欧洲的共同战斗中做出贡献。

9月17日，戴高乐发布命令，宣布成立协商会议，它相当于民族解放委员会的议会，由100名委员组成，其半数来自国内的抵抗运动。

10月3日，法兰西民族解放委员会由戴高乐和吉罗签署命令，宣告：今后委员会将只有一个主席。

同一天的另一项法令宣布将根据指挥与政权分立的原则，组织法国的武装力量。

协商会议第一次会议于11月3日在阿尔及尔开幕。

戴高乐发表了长篇讲话，指出战斗法国从一开始就是法国的合法代表，协商会议的召开是完善法国各种合法权力机构的重要步骤。

同一天，戴高乐改组民族解放委员会，增加了国内代表，排斥了吉罗和吉罗的支持者乔治。

1944年1月12日，丘吉尔和戴高乐在阿尔及尔见面。当时英国和美国报纸都透露，罗斯福有意在战后法国成立一个由英美控制的军政府。

在谈话中，戴高乐向丘吉尔表示，他强烈反对罗斯福的计划，他指出，战斗法国既然已经在北非站住了脚跟，也必定会胜利地返回法国。谈话后的第二天，戴高乐邀请丘吉尔检阅了他统率的军队。

戴高乐蔑视罗斯福的"法国不能再拥有原来的殖民地"的说法。1月30日，在布拉柴维尔召开的非洲领地会议上，戴高乐发表讲话，指出法国的事务只能由法国自己来决定，法国将独自行使自己的主权。戴高乐还规划了未来包括法属殖民地在内的所谓"法兰西联盟"。

3月21日，戴高乐发布命令：

一旦法国本土有足够的领土获得解放，法兰西民族解放委员会就立即迁回法国，行使其职权。

3月27日，戴高乐明确表示：民族解放委员会将成为法国的临时政府，在恢复民主的进程中，临时政府"绝对地"只听取"民族意愿"的意见，凡"不是来自法兰西民族的任何教训"，一概不予理睬。

4月8日，戴高乐自任法国武装力量的统帅，吉罗被委以总监。吉罗拒绝了这个荣誉职务，宁愿退休。

这一切都使罗斯福非常恼火，但毫无办法。

这时，欧战日渐接近尾声。4月28日，意大利游击队处决了墨索里尼和他的情妇，并将尸首倒悬于罗雷托广场。两天后，希特勒在柏林的地下室自杀。5月4日，法国第二装甲师攻占了希特勒在贝希特斯加登的山中别墅，使

第二次世界大战著名人物

这支铁甲军从乍得湖开始的壮丽的军事远征达到了与之相称的高潮。

希特勒的第二号人物希姆莱在走投无路的情况下，向戴高乐发出了一封备忘录，做了德国法西斯毁灭前的最后一次无耻表演：

你胜利了！戴高乐将军。如果人们知道你是从何处起步的，他们就一定会脱下帽子，深深地向你鞠躬。

不过，你现在打算怎么办呢？投靠盎格鲁－撒克逊人吗？他们将会把你当作仆从，使你失去尊严与光荣。你要与苏联人携手合作吗？他们将把他们的法律强加给法国，还会清除你本人。

实际上，能使贵国人民走向光荣与独立的唯一道路，就是与战败的德国取得谅解。请你马上宣布吧！请你立刻与那些在德国尚有实权并希望把他们的祖国引到一个新的方向的人们取得联系吧！

他们已准备好了，他们请求你这样做。倘若你能克制复仇的思想，倘若你能抓住历史今天给你提供的大好时机，你将成为永垂青史的最伟大的人物。

对这样拙劣的诱惑，戴高乐嗤之以鼻。

横渡英吉利海峡的战役即将开始，丘吉尔邀请戴高乐到英国来。

1944年6月4日，戴高乐乘坐丘吉尔派来的专机，从阿尔及尔飞往伦敦。比起一年以前戴高乐离开伦敦前往阿尔及尔时，形势发生了根本变化。此时，美国、英国、加拿大等盟国的军队正厉兵秣马，准备横渡英吉利海峡。

英国完全沉浸在大战前紧张的气氛中。

丘吉尔在指挥部会见了戴高乐。他们的谈话有使戴高乐感兴趣的地方，这就是解放欧洲的战役即将开始，虽然美国和英国在制订诺曼底登陆的方案时，完全把戴高乐撇在了一边，但是戴高乐重返祖国的日子毕竟越来越近了。

谈话的后一半却激怒了戴高乐，丘吉尔建议戴高乐到华盛顿去见一见罗

斯福，还说罗斯福对于戴高乐排斥吉罗的做法一直很有意见。

戴高乐说：目前他想到的只是解放法国的战争，对朝见罗斯福完全没有兴趣，法国的事情只能由法国人自己来管，无需美国和英国插手。

丘吉尔也发了火，他挑明说：如果要他在戴高乐和罗斯福之间进行选择，他只能选择后者。

在伦敦，戴高乐还会晤了艾森豪威尔。

艾森豪威尔向他介绍了渡海作战的准备情况，表示：盟军一旦登陆后，

🔻 法国凯旋门

准备安排挪威、荷兰、比利时等国的领导人通过电台向本国人民发表讲话，然后艾森豪威尔也发表一个讲话，并把准备好的讲稿拿给戴高乐看。

艾森豪威尔建议戴高乐接着也对法国人民说几句话。艾森豪威尔的讲稿只讲盟军的战绩，只字不提戴高乐和战斗法国。戴高乐立刻表示不满，坚决拒绝在艾森豪威尔之后讲话。

同丘吉尔和艾森豪威尔的这两次谈话，气氛都十分紧张。

但是，当1944年6月6日盟军在诺曼底登陆后，戴高乐还是通过伦敦广播公司发表简短的讲话：

> 最崇高的战斗开始了！法国的战役打响了。在全国、在帝国、在军队里，只有一个共同的意志，一个共同的期望。

诺曼底登陆后，戴高乐从伦敦又回到阿尔及尔。

在这期间，戴高乐于7月6日访问了华盛顿，同罗斯福进行了3次礼貌的，但极不愉快的谈话。

戴高乐得知，罗斯福认为未来世界秩序的基石将是美国、英国、苏联和中国四大国，而法国则自从1940年6月崩溃以后，就永

149

远失去了大国的地位。

戴高乐离开华盛顿以后，美国国务院于7月12日发表一项声明，表示美国政府确认法兰西民族解放委员会有资格在解放后的法国行使行政管理的权力。

7月底，解放法国的战斗进入了新阶段。盟军诺曼底登陆后，德国法西斯军队迅速溃退，通向巴黎的大门打开了。

8月15日，法美联军进行了另一次两栖作战，在马赛和尼斯之间的普罗旺斯登陆成功。

勒克莱尔将军率领的战斗法国第二装甲师于8月初在诺曼底登陆，参加解放巴黎的战斗。在法国本土坚持游击战争的武装力量纷起响应，有力地打击了溃退中的敌人。

此时，法国国内的情况也出现了可喜的变化。巴黎及其近郊的抵抗组织在巴黎地区积极开展武装斗争，不断袭击德国占领军的运输车辆和仓库，破坏供电网和电话线。仅6月8日至25日，他们就进行了93次作战行动。特别是在7月14日这个历史上攻占巴士底狱的重要纪念日，巴黎解放委员会号召全体巴黎市民，参加大规模的反德示威游行。

在这一天，尽管维希政府和德国占领当局明令禁止罢工、集会，但是仍有10万人上街游行。这场大游行沉重地打击了占领当局。正如抵抗组织领导人罗尔·唐居伊1944年8月7日记述的：

> 对于巴黎军团来说，敌人未曾决定实施拼命抵抗。恰恰相反，1944年7月14日的示威游行成为我们举行起义的前奏。

8月10日，巴黎铁路工人开始罢工。随后，法国其他地区的铁路工人也跟着罢工，邮电工人、煤气工人、电业工人和公共事业工人也相继发起罢工。8月15日，驻守巴黎的1.5万名警察也加入到罢工的行列。工人们破坏铁路运输，使德军无法调动部队和运送武器装备，也无法从巴黎运出军需物品。

8月19日，巴黎解放委员会发出起义的号召，驻巴黎地区的内地军总指挥罗尔·唐居伊上校下令武装起义开始。8时，2000名警察首先占领了警察局，逮捕了局长。

接着，起义者占领了市政厅、公共大楼和印刷厂。不久，戴高乐派驻巴黎的法国抵抗运动临时代表亚历山大·帕罗迪接管了公共工程部、殖民部、供给部、司法和情报部等部门的权力。

8月19日下午，法国抵抗运动的个别领导人在事先没有得到巴黎解放委员会和内地军指挥部同意的情况下，就同巴黎的德军城防司令肖尔蒂茨进行停战谈判，并达成暂时协议。

8月20日，由于巴黎爱国力量联合行动，继续攻占了火车站、电台和报社，并占领了政府各部和银行的大楼。是日，唐居伊派代表前往美军驻地会见巴顿将军，向他介绍了巴黎的处境，要求立即派兵支援。

8月21日，巴黎解放委员会号召市民更广泛地开展武装起义，提出："砍掉树木，挖好防坦克壕，筑起街垒，让取得胜利的人民去迎接盟军！"唐居伊下令要无情地打击敌人。据此，起义规模日益扩大，爱国志士在市内和通往市区的主要道路上筑起了街垒和路障。是日晚，巴黎市区及市郊的大部分区域获得解放。

8月21日，巴顿将军指挥的第三集团军先头部队占领了巴黎以南30公里处的利穆尔和阿巴永。美军曾设想对巴黎实施钳形包围，让位于右翼的巴顿集团军从东西迂回包围巴黎，左翼穿过塞纳河抵达芒特，两翼部队在巴黎以北会师。

这时，已从阿尔及尔到达法国瑟堡的戴高乐函告艾森豪威尔将军说，他很担心巴黎的警察部队和德军撤离，市内的食品供应发生危机，巴黎因此会出现骚乱。

戴高乐认为，"确实需要由法军和盟军尽快占领巴黎，即使市区内的战斗会造成一些破坏也要去占领。"

戴高乐警告说，如果发生骚乱，以后处理事情时很难不发生可能最终妨

碍军事行动的严重事件。他提名柯尼希将军担任巴黎军事管制政府总督，以便在艾森豪威尔将军决定立即前进时与他商议占领的问题。

艾森豪威尔将军在与柯尼希将军谈话后说："现在看来好像我们将不得不进入巴黎。布莱德雷和他的情报处长都认为我们能够而且必须开进城去。"

艾森豪威尔将军决定派兵直接进入巴黎，但是派哪支部队首先进城倒是个棘手的问题。因为许多部队都提出要求，把首先进入巴黎看作是一种荣誉，其中呼声最高的是勒克莱尔指挥的法军第二装甲师。

该师于8月1日随盟军在法国西北部登陆后，被编入巴顿的第三集团军第十五军，参加了对法莱斯的包围，并在尚布瓦与波兰军队会合。

这时，第十五军的两个师奉命向德勒推进。戴高乐命令勒克莱尔的第二装甲师迅速向巴黎靠近，于是后者便向巴顿提出了要求，未获得批准。这样，勒克莱尔便于8月16日率部离开了美国第三集团军，加入美国第一集团军，被编入第五军。

接着，戴高乐又指示这支法国部队，不管美国人同意与否，都要立即向巴黎推进。

8月21日，法军第二装甲师仍位于阿让唐地区，与美军先头部队相距约100公里，勒克莱尔命令部队全速前进，如果艾森豪威尔不同意直接进入巴黎，他也要把离巴黎最近的部队留在那里。

鉴于这种情况，特别是为了照顾法国人的感情，艾森豪威尔将军最终还是批准了首先由法军第二装甲师进入巴黎。这道命令是8月22日由布莱德雷传达的。不久，美军第四师也接到命令，沿法国首都南部前进，以夺取巴黎以南的塞纳河诸渡口，并占领南面和东南面的阵地。

8月23日6时30分，北路的勒克莱尔部队作为主力开始向巴黎进发，并加强有一支英国小分队、一个美国骑兵侦察组、一个美军工兵小组和美军第五军的炮兵。在南路进攻的是美军第五军司令部、美军第四师，并加强有两个反坦克炮兵营和两个重型坦克营。盟军在向巴黎进军的路上未遇到德军的有

"自由法国"军队胜利进入巴黎

力抵抗。

8月24日傍晚，法军第二装甲师和美军第四师开进巴黎。

8月25日晨，法军向肖尔蒂茨发出最后通牒，遭到拒绝后，法军于13时向德军指挥部发起攻击，迅速消灭了敌人的有生力量；15时，摧毁了德军指挥部，活捉了肖尔蒂茨，并将其带到警察局。在那里，肖尔蒂茨代表德军守备部队正式向勒克莱尔将军和唐居伊上校无条件投降，巴黎遂告解放。

此次战斗，法国内地军伤亡2356人，市民伤亡2408人，法军第二装甲师伤亡628人；德国占领军亡3200人，伤4911人。

8月25日，戴高乐作为法兰西共和国临时政府首脑与法军第二装甲师一起进入巴黎，并在国防部大厦设立了指挥部。

事先，关于戴高乐能否按时进入巴黎的问题，英美两国政府官员曾有不同意见。有一种想法是把戴高乐进巴黎的时间推迟到能达成某种协议之后。

但是，戴高乐清醒地认识到，任何阻止他进入巴黎的企图都是对战斗法国控制法国局势的反对，是对他的权威的否定。因此，他认为在这个大是大非的问题上没有妥协的余地。

于是，戴高乐在8月中旬通知艾森豪威尔将军，他打算从阿尔及尔到法国。在戴高乐的坚持下，盟军远征军最高司令部建议他乘坐美国飞机并在伦敦降落，然后再飞往法国大陆。

戴高乐显然怀疑这种做法是企图不让他进入法国，而并不是一项保护他的专机免遭袭击的措施。于是，他宣布要乘自己的座机出发，在瑟堡和雷恩着陆。

艾森豪威尔将军警告说，盟军的高炮部队可能识别不了戴高乐所乘坐的那种飞机，并拒绝为他的安全承担责任。在这种情况下，戴高乐不得不把他登陆法国的计划推迟一天。8月18日，戴高乐乘机安全抵达瑟堡，并及时赶上了法军第二装甲师，于8月25日进入巴黎。

25日下午，戴高乐从巴黎的奥尔良门进入市区，随后，立即来到圣多明尼克大街国防部旧址。4年前，戴高乐就是从这里撤离巴黎的，现在又回来

了。景物依旧，一切都非常熟悉，但是，巴黎已经经历了一场严峻的考验。

第二天下午，戴高乐来到凯旋门，成千上万的巴黎市民向他欢呼。这是他长久以来所渴望的一刻，在少年时代就已梦想的一刻。

戴高乐在凯旋的乐声中丝毫也不怀疑，他本人、他亲手建立的自由法国、战斗法国、法兰西民族解放委员会，就是法兰西民族的代表，他应该是法兰西共和国的当然总统和缔造者。

戴高乐在军队的将领们和抵抗运动的领袖们的簇拥下，从凯旋门沿着香榭丽舍大街，步行前往协和广场。

戴高乐从1904年在英国组织"自由法国"到现在掌握整个法国，可以说达到了荣誉的顶峰。但他没有被荣誉冲昏头脑，他意识到法国前面的路不会很平坦。

155

风云人物

第二次世界大战著名人物

斯大林

约瑟夫·维萨里昂诺维奇·斯大林，苏联共产党中央总书记、苏联大元帅。1941年苏德战争爆发后，担任国防人民委员和武装力量最高统帅。他动员、组织和领导全民进行反法西斯战争，先后取得了莫斯科会战、斯大林格勒会战和库尔斯克会战等战役的重大胜利。同时，在推动世界反法西斯联盟的建立，制定打败德意日的战略决策方面，起了举足轻重的作用。

参加革命
锤炼钢铁般意志

斯大林1879年12月21日出生于在格鲁吉亚一个叫哥里的小城里。他的父亲给他取名为约瑟夫·维萨里昂诺维奇·朱加维里。

1894年，斯大林以优异的成绩考取了第比利斯正教中学，并获得了学校的奖学金。

入学不久，斯大林就加入了一个秘密的学习小组。他们偷偷地把禁书带到学校里秘密阅读。后来，他加入了"麦撒墨达西"社，这是一个第比利斯首批社会民主党小组之一。俄国社会民主党是后来的苏联共产党的前身，他们宣传马克思主义，要求推翻沙皇专制制度，进行社会革命。

1899年5月，20岁的斯大林从第比利斯正教中学不辞而别，他没有等到中学毕业。一个多月后，学校以无故不参加考试且原因不明为理由作出了开除他的决定。

斯大林从此永远地离开学校，开始一种新生活——职业革命者。

1901年11月11日，第比利斯社会民主党召开代表大会。斯大林当选为这个委员会的委员，并派他到巴统去建立党组织。

巴统位于黑海沿岸，是个有两三万人的城镇。这里交通便利，是俄国的一个工业中心。

斯大林到巴统后组织发动工人，并办了一个秘密印刷所。

印刷所就设在他的住所。铅字都放在火柴和香烟盒里，斯大林坐在桌子旁写传单，然后就交给排字工人，各种传单和宣言书很快就从这个印刷所散发到工人手中。也就是从这个时候开始，他用柯巴作为化名，并且一直用了

很长时间。

在斯大林的宣传、鼓动下，巴统的工人开始罢工，上街游行。

警察千方百计想找到秘密印刷所，为了躲避侦查，斯大林把印刷机转移到巴统郊区一个阿布哈兹人村庄。为了保密，到这里来领传单的工人都穿上高加索妇女的服装，戴着面纱。左邻右舍起初怀疑印刷机在印钞票，因此要求分一份。斯大林费了好大劲才向他们解释明白是怎么回事，并得到当地村民的帮助。

1902年4月5日，星期五晚上。斯大林和几个同志在一个朋友家聚会、联欢。联欢会正在进行中，有人猛然发觉，巴统警卫队不仅包围了这座房子，而且在地下室里安插了密探。

斯大林抽着香烟，正与一位朋友谈话。他没动声色只平静地说："没事儿。"说完，继续抽他的烟。过了不久，警察闯进屋里，逮捕了屋里所有的人，包括斯大林。

这是斯大林在他的职业革命生涯中第一次被捕。

几经流转，一年多后他被判处3年流放。流放地是在西伯利亚伊尔库茨克省的新乌拉村。经过4个月押送，才到达目的地。但他很快就从流放地逃跑，1904年1月斯大林又偷偷地回到第比利斯。

那时他已经24岁了，正是婚爱的年龄。斯大林在第比利斯的秘密接头点遇见了亚历山大·斯瓦尼泽。亚历山大后来介绍他同自己的妹妹相识，她叫叶卡捷琳娜·斯瓦尼泽。

姑娘和斯大林的母亲同名，都叫叶卡捷琳娜。斯大林很快地和叶卡捷琳娜结了婚。婚礼是在一所东正教堂秘密举行的，母亲特地从哥里赶来操办了这次婚礼。

儿媳与婆婆一样是个虔诚的教徒。她一心一意的服侍她的丈夫。每天晚上在等待她的忙于开会的丈夫时不停地祈祷，祈求他丢掉得罪上帝的想法，在家劳动、安分守己，平平静静地过日子。斯大林从不干涉妻子的宗教活动。

叶卡捷琳娜·斯瓦尼泽是一位非常漂亮的姑娘，也是一位地地道道的本分的家庭主妇。对她来说，家庭是她的全部生活。斯大林总是很忙，东奔西跑，但斯大林是爱她的。她也很爱丈夫，每当丈夫回到家，她总是用她那双大大的眼睛含情脉脉地望着他，希望丈夫能在自己的身边多待些时光。

斯大林每次回家都风尘仆仆，两人在一起的时间尽管短了些，但很甜蜜。

1907年，他们有了一个男孩，取名为雅可夫。不幸的是，孩子生下不满1岁，年轻的叶卡捷琳娜·斯瓦尼泽就病故了。

1905年12月，斯大林以俄国社会民主工党的高加索联盟代表的资格出席了在芬兰举行的全俄布尔什维克第一次代表会议。在这次会议上，列宁和斯大林第一次直接会面了。

许多年以后，斯大林在一次讲演中谈到这次会面：

　　我本来希望看见我们党的山鹰，看见一个伟人，这个人不仅在政治上是高大的，而且可以说在体格上也是高大的，因为当时列宁在我的想象中是一个身材匀称和仪表堂堂的巨人。

　　当我看见了他原来是一个和凡人毫无区别，最平常的，身材比较矮小的人的时候，我是多么失望啊……

　　通常，"大人物"照例是开会迟到，让会场上的人望眼欲穿地等看他出现，而且在"大人物"就要出现之前，会场上的人彼此告诫说："嘘……静一点……他来了。"

　　我当时觉得这一套并不是多余的，当我知道列宁比代表们到得更早，躲在一个角落里朴实地同那些参加代表会议的最普通的代表进行最普通的谈话的时候，我是多么失望啊！

　　后来我才明白，列宁这样朴质谦逊，这样不愿表现自己，至少是不想惹人注目，不摆架子的特点，正是他的最大长处。

斯大林赞叹列宁演说中"那种不可战胜的逻辑力量","非凡的说服力,简单明了的论据,简短通俗的词句"。

1905年的俄国第一次革命失败后,沙皇制度重又站稳脚跟,工人运动急剧衰落,党组织遭到严重破坏,许多人脱离了党的队伍,党的组织成员大大减少。

就在这种形势下,斯大林来到巴库,领导当地的工人继续斗争。他在自己参与编辑的《汽笛报》上发表许多文章,坚持认

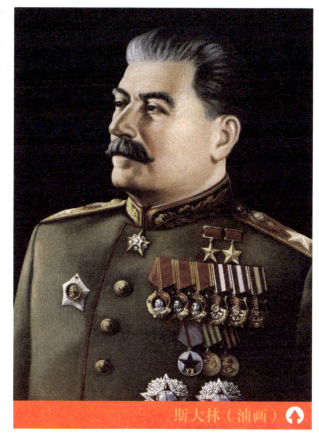

斯大林(油画)

为石油公司必须同整个产业的代表进行谈判。

工资制度必须改变,工人需要的不是更多一点的奖金,而是欧洲的工资制度。他和战友奥尔忠尼启则、伏罗希洛夫等人一起领导石油工人同雇主进行斗争,在工厂主同意与整个产业的代表进行谈判之后,他号召50000名巴库石油工人来选举他们的代表,当局答应给工人代表以豁免权。

斯大林等人还组织了多次石油工人的罢工,迫使工厂主向工人做出让步。

巴库的斗争引起了列宁的重视。特别是那些有着积极斗争情绪的人使列宁表示十分钦佩。斯大林在巴库的名气越来越大了,反动派对他恨之入骨,派出大量的警察,侦探来寻找跟踪他。

1908年3月25日，斯大林和他的战友奥尔忠尼启则同时被捕，囚禁在巴库的拜洛夫监狱。

拜洛夫监狱原来只能容纳400人，可现在是十月革命前沙皇俄国统治最黑暗的时期，到斯大林被捕时这里却关押了1500人。

囚犯们睡在拥挤不堪的牢房里，走廊上或楼梯上。除个别罪行严重的犯人的房门锁着，其他的门都敞开着，刑事犯和政治犯可以在院内，房子之间自由地走来走去。

死囚和其他犯人吃住都在一起，而处决的地点就在监狱的院子里。所以牢房里总能听到被处死者的哭喊和绝望的叫声。

当人们看着可能是刚刚待在一起的人被带到院子里绞死的时候，他们的神经就非常紧张，但斯大林却镇静自若。跟他关在同一个监狱的维列沙克回忆说："柯巴睡得很熟，要不就安安静静地念世界语。"

在狱中，斯大林除了学习世界语，还利用闲散时间读书，并继续注意着巴库石油工人的斗争，不断地为《汽笛报》和《巴库无产者报》撰写评论。

在这里他被关押了7个半月，然后被判处流放沃洛格达省索利维切戈茨克两年。在押解流放地的途中因患斑疹伤寒，直至1909年年底才到达流放地。不久他从流放地逃了出来，回到首都彼得堡又开始了他新的战斗。

从1908年斯大林在巴库被捕并判处流放，至1912年这段时间，他又先后3次被捕、流放。但他每次都逃了出来，在斯大林的革命生涯中真是多灾多难。

在1911年的一次服刑中，他在缺席的情况下被选为中央俄国局委员。

1912年年底，斯大林再次奉召到克拉科夫参加列宁主持的联席会议。经过一番艰辛后，斯大林终于到了克拉科夫，并如期参加了会议。

由于叛徒的告密，斯大林又一次被捕了。

斯大林在彼得堡监狱中住了5个月后，被判处流放到图鲁汉斯克边疆区，由警察公开监视，期限4年。图鲁汉斯克边疆区是一个著名的流放地。斯大林在那里受到极其严密的监视，起初他还打算逃出流放地，但敌人对他越来越

严的监视使他放弃了逃跑的念头。

1917年2月，俄国爆发了著名的二月革命。沙皇制度被彻底推翻，斯大林的流放生涯随着二月革命的胜利也就结束了。

斯大林一生被捕7次，6次流放，而且集中在1902年至1917年期间，真正是百炼成钢。

二月革命结束后，资产阶级又发动了七月事变。警方指控列宁和季诺维也夫是德国间谍，布尔什维克又遇到了新的挫折不得不转入地下。

临时政府极力迫害列宁，说他是德国派来的奸细，要他到政府自首，列宁无法公开露面了。

斯大林承担了安排列宁转入地下的工作，列宁先被隐藏在老布尔什维克阿利卢耶夫家中，暂时躲避几天。

中央讨论了列宁和季诺维也夫是否接受临时政府提出的"出庭受审"的要求，大家意见很不一致，有人赞成，有人反对。

列宁也犹豫不决，因为他担心，如果逃避审讯，会使那些不明真相的人相信对他们的指控。

相反，斯大林却建议他们隐藏起来，他说，士官生不可能把列宁押送到监狱，在路上就会被打死，必须把列宁可靠地掩护起来。

事实证明斯大林是对的，一旦列宁同意出庭受审，后果是很严重的，最后列宁和季诺维也夫下决心隐藏起来。天黑以后，化妆后的斯大林亲自将列宁送上火车，列宁隐居在离彼得堡34千米处一个小火车站附近的草棚内。

斯大林成了列宁和中央委员会的秘密联络员。

十月革命越来越临近了，党的队伍又不断地扩大，斯大林肩上的任务更繁重了。他是《真理报》的负责人，又是全俄苏维埃执行委员会的委员。

斯大林紧张地工作着，整日整月没有好好睡过觉。他时常记得巴库石油工人们常夸奖他有坚强的意志。

因此，他早就用斯大林这个词做他的笔名，在俄语中，斯大林是钢铁的意思，斯大林一生确实具有钢铁般的意志。

　　1917年10月7日，列宁秘密地回到彼得格勒，党中央举行秘密会议，列宁在会上强烈地坚持"武装起义不可避免，时机完全成熟"的判断。

　　大家的意见很不一致，有的认为列宁的计划太急迫，太突然，而且有危险性。季诺维也夫和加米涅夫表现得尤其惊慌，极力反对列宁的主张。

　　在这场辩论中，斯大林没有过多地表态，但是在投票的关键时刻，他站在了列宁一边，列宁的举行武装起义的提议以多数票获得通过。

　　会后，季诺维也夫和加米涅夫仍然坚持己见，甚至在《新生活报》上发表了他们反对起义的声明，泄露了党的机密。这使列宁和他的支持者非常气愤，他们认为反对和泄露党的决议是一种叛变，列宁向党中央提出把他们两人开除出党。

列宁（左）和斯大林（右）（人物模仿）

在中央的会议上，列宁、托洛茨基、斯维尔德洛夫坚决要求开除，还有一些中央委员也同意开除。只有斯大林主张从宽处理，认为他们只要承认错误，就应给予改正的机会。

在斯大林的影响下，会议撤销了开除他俩党籍的建议，但要把加米涅夫调离《真理报》编委会。

斯大林同样提出反对意见，并提出"辞职"以示抗议。中央委员会没有接受他的辞职，加米涅夫仍留在《真理报》编委会里。

斯大林在组织上保护了加米涅夫和季诺维也夫，但在路线方针上坚决地站在了列宁一边。

1917年10月24日，列宁再次秘密地来到了斯莫尔尼宫，参与指挥武装起义。在托洛茨基的直接组织和指挥下，武装起义成功了。十月革命推翻了资产阶级临时政府，工人苏维埃独掌政权。

在十月革命中，列宁是公认的领袖，托洛茨基的作用仅次于列宁。

1918年11月6日，为了纪念十月革命胜利一周年，斯大林在《真理报》发表了《十月革命》的一文，文中说：

> 起义的鼓舞者自始至终都是以列宁同志为首的党中央委员会，弗拉基米尔·伊里奇那时秘密住在彼得格勒维堡区。
>
> 10月24日晚上，大家要他到斯莫尔尼宫去领导总的运动。起义的一切实际组织工作是在彼得格勒苏维埃主席托洛茨基同志直接指挥下完成的。
>
> 我们可以确切地说，卫戍部队之所以迅速站到苏维埃方面来，军事革命委员会的工作之所以做得这样好，党认为这首先要归功于托洛茨基同志。

十月革命胜利了，斯大林担任民族事务人民委员。

根据托洛茨基的建议，新的人民政权不沿袭临时政府各部部长的名称，

各部部长都改称人民委员，以增加新政权的人民性。

斯大林开始组建新的民族事务人民委员部。虽说是个民族事务人民委员部，但现在他连一个房间也没有。没有办公桌和椅子，列宁只配给他一个助手——波兰人培斯特柯夫斯基。

那时候，革命刚刚胜利，大家都很忙。什么都没有，一片混乱，一切都得靠自己动手。

培斯特柯夫斯基在斯莫尔尼宫一个没人占用的房间里，发现了一张空桌子。他把这张桌子推到边上，靠墙放下，又到别的房间找了两把椅子放在边上。在门上的墙上贴了一张纸，上写"民族事务人民委员部"。

斯大林又让培斯特柯夫斯基到外交人民委员托洛茨基那里借了3000卢布，作为必要的经费。就这样，民族事务人民委员部成立了。

这个办公室的唯一优点是：离列宁很近，使斯大林有机会接触列宁并向他学习，也使列宁有可能了解和帮助斯大林。

的确，在初握权柄的日子里，斯大林成了列宁的得力助手。他的冷静、果断和卓有成效的办事能力受到列宁的赏识。

培斯特柯夫斯基曾经回忆说："列宁连一天都离不开斯大林……一天中，列宁总是没完没了地叫走斯大林，或到我们办公室把他带走。一天中的多半时间，斯大林是同列宁在一起度过的。"

召开立宪会议原来是列宁及其战友们的一贯主张，他们认为这是实行民主的一种措施。

但是在立宪会议临近召开时，列宁却忧虑起来：他担心布尔什维克在选举中不能占优势，因此新生政权的力量将被削弱。

选举结果确实不出列宁所料：布尔什维克只占25％的席位。这使列宁等人感到不能容忍。于是决心取消立宪会议，对此，列宁进行了精心的策划和准备。

立宪会议在塔夫利达宫开幕。在立宪会议举行的第一次会议上，斯维尔德洛夫代表全俄中央执行委员会宣读《被剥削劳动人民权利宣言》并要求会

议予以批准。

可是，参加立宪会议的大多数人却拒绝讨论这个《宣言》。于是，布尔什维克党团和左派社会革命党团要求休会，以便各党团能分别讨论《宣言》。

休会期间，列宁在布尔什维克党团会议上提议：复会后宣读他起草的布尔什维克党团声明并退出立宪会议。列宁的倡议得到了布尔什维克党团的一致赞同。

复会后，所有布尔什维克党团的代表和左派社会革命党人陆续离开了会议大厅，退出了立宪会议。

当其余的代表来到塔夫利达宫门前，准备继续开会时，却被卫兵挡在了门外。负责警工的德宾科向卫兵下达了命令："禁止立宪会议继续开会。"

面对布尔什维克的强硬态度，孟什维克和社会革命党人的代表十分气愤，他们立刻组织示威游行以示抗议。列宁对此早有准备，布尔什维克的赤卫队员们鸣枪驱散了游行队伍。

列宁当即宣布："兹命令在塔夫利达宫内执行卫生勤务的卫兵和水兵同志不得对立宪会议中的反革命成员采取任何暴力行动。应准许所有人自由离开塔夫利达宫。但非经特别批准，任何人不得入内。"

这样，立宪会议于1918年1月19日停止了活动。

斯大林从解散立宪会议这一迅速而果断的行动中再一次受到深刻启示。他充分体验到在政治斗争中，采取必要的行政手段具有极大的威力，即使行动显得粗鲁，但它最能迅速而有效地达到预期目的。

十月革命后，斯大林作为中央特使去了赫尔辛基，参加芬兰社会民主工党大会。他在会上发言时强调芬兰应按民族自决权原则解决它自己的问题，并且与列宁共同签署了关于芬兰国家独立的法令。

但是芬兰独立后，社会民主工党没有掌权执政，政权转到了芬兰资产阶级手中。

因为这，斯大林所坚定维护的民族自决权原则遭到了党内一些人的指

责，他们认为这是向小资产阶级民族主义的屈服。

面对种种压力，斯大林在1918年1月10日召开的全俄苏维埃代表大会上作关于民族问题的报告时，对民族自决权原则作出了新的解释。

他说：

> 必须把自决原则解释为这个民族的劳动群众的自决权而不是资产阶级自决权。自决原则应当是争取社会主义的手段，应当服从社会主义的原则。

他的新原则在其后的乌克兰建国一事上得到了验证。

乌克兰苏维埃社会主义共和国成立于1917年12月12日，当时在乌克兰还存在资产阶级和小资产阶级政党和团体的联合机关——中央拉达。乌克兰苏维埃政府与中央拉达进行了艰苦斗争。

乌克兰终于没有独立，而是以社会主义自治共和国的形式加入俄罗斯联邦。

十月革命的胜利响彻欧洲引起了资本主义国家的极大仇视和恐慌。他们纷纷出兵武装干涉，企图把新生的苏维埃消灭在摇篮之中。

国内被推翻了的统治阶级也不甘心他们的灭亡，纷纷组织自卫军举行叛乱，全国烽烟四起。到1918年夏，苏维埃共和国四分之三的领土陷入敌人手中，苏维埃国家处于四面包围之中。

年轻的苏维埃共和国岌岌可危，面对严峻的现实，列宁提出"一切为了前线"，宣布全国进入战时体制。把首都从彼得堡迁到莫斯科，彼得格勒的市民每人每天只能得到八分之一磅的面包。

战时体制包括：成立了15个方面军以应付战争；实行军事共产主义；企业全部收归国有；取消市场和私人贸易，实行供给制；实行余粮征集制，成立武装征粮队，强制征收农民手中的"余粮"；成立了以托洛茨基为主席的革命军事委员会，指挥全国的各个战场。

1918年6月6日，列宁派斯大林作为中央特派员到俄国南方的察里津去征集粮食。列宁委以斯大林全权，当地的各级政府、军队、铁路、邮电、粮食等部门均须执行斯大林的命令。

斯大林到达察里津的第二天，就向列宁转告说：那里一片混乱，投机盛行。

他马上采取了有力措施：对粮食实行配给制和固定价格，把那些腐化堕落和办事不力的官员撤职，解散一些不必要的委员会，严厉打击抢劫运粮火车的人。他向列宁保证过一个星期向莫斯科运送100万普特的粮食。

苏联红军（雕塑）

他果断地下命令说：如果有人敢抢粮食，就把他们的村庄烧成灰烬，使他们不敢再袭击火车。

斯大林在这里为收集粮食进行了紧张的工作，并且在5天内向莫斯科发运了5列车粮食。

此外，斯大林还直接参与了军事领导。他领导区军事委员会，将分散的部队联合起来，组建了一些新的师团、特种部队和装甲列车纵队，建立工人民兵队伍。在危险面前，斯大林没有惊慌失措，表现出独揽大权的气魄和坚毅果敢的精神。

在卫国战争刚开始组建红军时，鉴于布尔什维克党内缺少大量的军事专家，托洛茨基提议让沙皇时的旧军官补充到红军中，担任各级指挥官。列宁同意并采纳了这个提议，但斯大林不理解列宁的用意，心里是不同意此举的。

在察里津手握大权的斯大林，极不信任旧军官，撤销了由旧军官组成的北高加索军区司令部大多数人的职务。然后把他们抓起来，囚禁于伏尔加河上的一艘轮船上。

托洛茨基闻讯后立即发来了一封电报，要求释放他们，但斯大林"不予理会"。最高军事委员会派调查团奔赴察里津，专门调查此事。结果，仅军区司令一人被释放，被捕的其余人连船带人沉没于伏尔加河中。

此后斯大林和旧军官的分歧越来越大，摩擦逐渐升级，终于导致斯大林和托洛茨基之间的直接对抗。

双方互不相让，列宁从大局出发，支持托洛茨基的主张，派斯维尔德洛夫亲自乘专列代表中央到察里津接斯大林回莫斯科。为了安抚斯大林，列宁又让斯大林兼任革命军事委员会委员。

1919年春天，彼得格勒局势严峻。尤登尼奇率领的白军对彼得格勒发动疯狂的进攻，形势很危急，驻守在那里的第七集团军未能阻挡住敌人的进攻，敌人攻占杨堡，随后又占领了普斯科夫和亚姆市。第七集团军且战且退，撤向彼得格勒。彼得格勒是战前的首都，是全国的文化、政治中心，地

位重要。

就在这时，中央决定派斯大林以国防委员会特派员的身份前往彼得格勒战线，以便采取一切必要的紧急措施。

1919年5月19日，斯大林到达彼得格勒。当天召开了由总司令、西方战线司令员、第七集团军司令员参加的会议，研究彼得格勒的战况。后来，列宁又致电斯大林，要他在后方和前线注意"有组织的叛变活动"，一旦发现，即采取"紧急措施"。

斯大林按照列宁的指示，号召保卫彼得格勒的部队同逃兵和叛徒作斗争。

他采取了一系列措施，把不胜任的人撤职，把他认为对失利负有责任的军官交送军事法庭，调整供给系统。这些措施使彼得格勒战线的情况明显好转，部队加强了纪律，提高了战斗力。

1919年6月13日，彼得格勒的海防要地红兵炮台和发马炮台发生反革命叛乱。红军立即从陆上和海上对叛乱者展开进攻，16日红军占领了这两个炮台。

6月21日，第七集团军开始对白卫军实施反攻。在维德利察战役中，红军把白卫军赶到了边境。

8月5日，第七集团军主力解放了杨堡。8月26日，第十五集团军向西北发动进攻，夺回了普斯科夫。

由于保卫彼得格勒有功，斯大林和托洛茨基一样，获得了红旗勋章。

从保卫彼得格勒前线回到莫斯科以后，斯大林又曾被派往南方战线，领导那里的保卫莫斯科的重任。

1920年10月16日，斯大林又受命前往北高加索和阿塞拜疆，指导那里的党和苏维埃的工作，直至11月20日才返回莫斯科。

1919年3月，斯大林参加了俄共（布）第八次代表大会。他以多数票当选为中央委员，并在大会之后的中央委员会议上当选为中央政治局委员和组织局委员。紧接着，他又被任命为国家监察人民委员，在党内的地位和威信

上升很快。

　　1920年年底，内战以弗兰格尔的失败而终结。1920年11月，莫斯科庆祝了自己的胜利。

　　在斗争中斯大林常以全权代表或政治委员的身份征战于各个战场，显示出斯大林的献身精神和钢铁般的意志。斯大林的表现，列宁也看在眼里：斯大林是一个冷静的现实主义者，这在战争期间很重要。在战争以后，这样的人更是党和国家所需要的。

第二次世界大战著名人物

风云变幻
加紧战争准备

苏联是世界上第一个社会主义国家，因此，它长期处于资本主义的包围之中。

斯大林在1925年就说过：战争的前提日益成熟而使战争的爆发不可避免。这种看法构成了斯大林内外政策的基本出发点。

他相信战争已迫在眉睫，而且很可能在苏联还未来得及积聚力量之前就把它摧毁。

正是出于这一考虑，他主张立即实现农业集体化和社会主义工业化，加强自身的力量，在国际事务中围绕着尽可能地避免战斗而展开活动。

1933年，希特勒在德国上台，战争的乌云开始在欧洲上空集结。希特勒公开表示对苏联的敌视，并提出对乌克兰的领土要求。但在表面上，又与苏联示好，以实现其首先侵占西欧的计划。

1933年，苏联同波兰、芬兰签订了互不侵犯条约。在同一年，苏联和美国正式建立了外交关系。

1934年夏季，苏联分别同捷克斯洛伐克、罗马尼亚和保加利亚签约，这在一定程度上保障了西南边界的安全。1934年9月，苏联加入了国际联盟，这是为寻求和平采取的一个步骤。

1935年，斯大林寻求与英、法两国结盟，但遭到英、法两国的拒绝。

1936年10月，德国—意大利轴心形成。纳粹分子不断发出敌视苏联的叫嚣。在东方，日本不断在苏联东部边界上挑起事端，这使斯大林的压力越来越大。

173

斯大林（蜡像）

1938年3月，希特勒占领了奥地利。接着发生了苏台德日耳曼人危机。德国的好战吓坏了英国首相张伯伦和法国总统达拉第，他们急忙同希特勒磋商，两国同意向捷克斯洛伐克施压，让捷克斯洛伐克把苏台德地区割让给德国。

斯大林立即建议：

由英、法、苏三国建立一个反德联合阵线，在德国进攻捷克时三国共同出兵制止德国的扩张。但英、法两国都不想得罪希特勒，希望用让步政策来换取西方的和平，牺牲捷克斯洛伐克，把战争的祸水引向苏联。

他们不接受斯大林的建议，在臭名昭著的慕尼黑会议上，逼捷克斯洛伐克把苏台德地区拱手让给了希特勒。

斯大林毫不怀疑，英法同意肢解捷克斯洛伐克的动机，显然是怂恿希特勒在东方放手大干，以换取西方的

和平。

英法两国的短视和自私自利，使斯大林失去了对他们的信心。为了苏联免遭战争，斯大林转而采用实用主义的政策，同希特勒媾和，时间越长越好。因为，他的国家现在还没有准备好战争。

为了保证社会主义的苏联在世界上的存在，1939年8月，苏联和德国签订了互不侵犯条约。

1939年9月1日，希特勒侵入波兰。两天后，英法两国向德国宣战，战争已成为现实。斯大林加速了苏联的备战。征兵年龄从21岁降至19岁，苏联军队的人数增加至420万以上。

按照与德国达成的协议，苏军进入了波兰东部，把波兰与苏联接壤的乌克兰人和白俄罗斯人居住区占领，并归入苏联版图。

10月，斯大林指示莫洛托夫向立陶宛、拉脱维亚和爱沙尼亚提出签订互助条约的建议。

条约签订后，红军进入这些国家，1940年2月后，把这三个国家也纳入了苏联的版图，保证了苏联波罗的海通道的安全。在西北部，列宁格勒离芬兰边境只有32千米，在炮火的射程之内，苏联曾向芬兰提出以交换土地的方式让芬兰向北迁移30千米，但遭到芬兰的拒绝。

11月，苏军进攻芬兰，受到芬兰的顽强抵抗，苏军伤亡惨重。斯大林很恼火，命令增兵大举进攻，芬兰屈服了，同意将边境向北移动30千米。

1940年，德国的机械化闪电部队很快占领了挪威、丹麦、荷兰、比利时。英法联军从敦刻尔克撤退。

法国的马其诺防线也不堪一击，德国人占领了巴黎。这实际上意味着希特勒可以腾出手来攻打东方了。

斯大林让总参谋部制订国家防御计划和武装部队部署计划。总参谋部的华西列夫斯基先后两次制订出防御计划，他把红军主力部署在西线，计划呈报给斯大林。斯大林不同意这个计划，令其重新制订。

第三次，总参谋部把主力部署在西南面，斯大林同意了。事后证明，华

西列夫斯基的前两个方案是正确的，因为斯大林的失误，使战争初期苏军为此付出了惨重的代价。

希特勒已经准备好进攻苏联，各种消息源源不断地送到斯大林那里。斯大林不相信，也不愿意承认战争马上就会爆发，他希望再拖上几个月，他的部队没有进入战争状态。

但是，1941年6月21日夜间，朱可夫从基辅打来的电话里获悉：一名德军司务长越过了边防线对苏军指挥员说，德国军队将在次日凌晨发动进攻。

朱可夫立即给斯大林和铁木辛哥打电话。

斯大林把他们召到克里姆林宫。斯大林听了朱可夫报告后的第一个反应是："也许是德国将领把这个逃兵送过来，是为了挑起冲突。"

"不，我们认为这逃兵说的是真话。"他们回答说。

政治局委员都来了，斯大林询问他们的意见，但是大家没有回答。

沉默了一阵后，铁木辛哥说话了："应该立即命令边境军区所有部队进入一级战备。"

朱可夫把在总参谋部队订的命令读了一遍。命令强调必须根据打退敌人进攻的作战计划采取坚决行动，但斯大林仍没有放弃他的希望，以为这也许是一场虚惊。

他说："现在下达这样的命令还太早，也许还可以和平解决。"斯大林让人重新起草命令，发往列宁格勒、波罗的海、西部、基辅和敖德萨各军区的前线部队，要他们立即做好准备，准备抗击德国可能发动的突然袭击。

1941年6月22日0时30分，这项命令下达完毕。但许多集团军尚未接到命令时，德军已发动了全线进攻。

德国以162个师，30万人、3400辆坦克、7000门火炮，分三路进军——北路指向列宁格勒、中路指向莫斯科、南路指向乌克兰，向苏联发动进攻。苏联就是在这种背景下仓皇应战的。

德国的大规模突然进攻，出乎斯大林的意料之外。由于他判断和部署的失误，使苏联在战争之初遭受极大损失。

176

通信联络中断，莫斯科几乎失去了同各军区之间的联络。斯大林和他的统帅部并不知道，在战争第一天，苏军共损失了1200多架飞机，大部分飞机是被德军炸毁在机场上的。

德军掌握了制空权并从宽约1500千米的广大地区向苏联发起正面进攻。德国的坦克部队和摩托化步兵师潮水般冲向苏联各边防要塞和城市。

苏军在边境地区的军用仓库、武器弹药及其他军需物资，几乎全部落入德军手中，苏军官兵虽然奋力反击，但无法阻挡德军的快速推进。

在战争的头几天，苏联西部边境各条战线都是乱糟糟的，有时简直是一片混乱。

统帅部不断发出新的指示和命令，但这些指示和命令又都落后于急速变化的形势。在战争的头五六天里德军就深入了苏联国土150千米至200千米。

率领军民
誓死保卫莫斯科

　　纳粹德国与其盟友入侵苏联，使苏联及苏联红军领导层大吃一惊。德军以闪电战战术快速深入苏联领土。

　　德国的大规模突然进攻，出乎斯大林的意料之外。他一度心情沮丧，但很快从消沉的情绪中摆脱出来，振作起来，重新肩负起他身上的重任。

　　11月6日是十月革命纪念日，庆祝活动安排在地下铁道的马雅可夫斯基车站举行，斯大林在会上发表了广播讲话。在首都岌岌可危的时候，斯大林的演讲具有不同寻常的意义。

　　斯大林说：在反法西斯战争中，苏联并不孤立，英国和美国已表示支持。

　　他用充满激愤的语调说：

　　　　这一群丧尽天良、毫无人格、充满兽性的人，恬不知耻地号召消灭伟大的俄罗斯民族，消灭普列汉诺夫和列宁、别林斯基和车尔尼雪夫斯基、普希金和托尔斯泰的民族！德国侵略者想对苏联各族人民进行歼灭战。

　　　　好吧，既然德国人想进行歼灭战，他们就一定会得到歼灭战！今后我们的任务就是把侵入我们祖国领土的所有德国占领者一个不剩地歼灭掉。

　　在这些关键的日子，斯大林非常重视从精神上鼓舞苏联人民必胜的信

心。他决定第二天照常举行传统的阅兵式。

11月7日，斯大林命令在红场举行纪念十月革命的阅兵式。斯大林在讲话中最后号召：

> 你们进行的战争是解放战争，正义的战争！让我们伟大的先辈英勇的形象在这次战争中鼓舞着你们，让伟大的列宁的胜利旗帜引导你们，消灭德国占领者！
> 我们光荣的祖国，我们祖国的自由，我们祖国的独立万岁！
> 在列宁的旗帜下向胜利前进！

斯大林在11月6日和7日的两次讲话的文本迅速在军队和人民中散发。这些讲话极大地振奋了军队和老百姓的士气，它表达了他们对自己祖国的热爱和对残暴、狂妄的敌人的仇恨，同时也产生了重大的国际影响。

参加阅兵的队伍在克里姆林宫前检阅后，直接开赴前线。

首都保卫者的口号是："俄罗斯虽大，但已无处可退，后面就是莫斯科！"

德军因战线过长，补给不足，战役中消耗过大，没有防御阵地和战役预备队，又无在冬季条件下作战的准备。

11月上旬，虽然道路能够使用，但德军的冬季装备不足，由于认为在入冬前就能结束战事。保暖衣服和白色伪装服都不足，坦克和其他车辆都因为低温而不能动弹。

德军士气严重受挫。而苏军则士气高涨。

11月15日，德军再次向莫斯科发动攻击。德军不顾一切，不惜一切代价，用坦克在前头开路，妄图冲进莫斯科。

德军的先头部队已冲到离莫斯科20千米远的地方，指挥官用望远镜已能看到克里姆林宫顶端的红星了。

斯大林打电话给朱可夫："你坚信我们能够守住莫斯科吗？我怀着内心

的痛苦在问你这个问题，希望你作为共产党员诚实地回答。"

朱可夫答道："毫无疑问，我们能够守住莫斯科。但是至少还需要增加两个集团军和200辆坦克。"

"你能有这样的信心，这不错。你打电话到总参谋部去接洽一下，把你所要的两个预备队集团军集中到哪里？他们在11月底将准备好，但是坦克现在还不能给。"

苏军的顽强抵抗迫使德军未能再前进一步。德国的进攻也就慢慢停了下来。德军一停下来，斯大林、朱可夫和铁木辛哥就立即计划冬季的反攻。

苏军转入反攻并粉碎莫斯科城下德军的条件已经具备。斯大林任命华西

列夫斯基中将担任代理总参谋长，并命令他立即拟订反攻作战计划。苏军反攻的指导思想是，粉碎德军"中央"集团军群分别从北面和南面威胁莫斯科的最危险的突击集团。

反攻的基本任务赋予了西方面军。加里宁方面军和西南方面军分别在其北面和南面实施突击。

12月5日，朱可夫带领苏军发动大规模反击。此时德军进攻能力显然已经衰竭。

12月6日，攻势在莫斯科地区全面展开。秋季期间，朱可夫从西伯利亚和远东地区调回了一些装备精良的部队到莫斯科，但一直留待反击之用。

苏联军队展开反击（俄二战博物馆场景模拟）

　　他相信苏联间谍佐尔格的情报，指日本不会攻击苏联东部，在此之前佐尔格已经预计到"巴巴罗萨"计划。

　　此时德军已经非常接近莫斯科中心，他投入大量援军以对抗德军的攻势，包括新建造的T—34坦克和喀秋莎火箭炮。苏军部队已经为冬季战事准备好，包括多个滑雪营。

　　1942年1月8日，西方面军、加里宁方面军和重建的布良斯克方面军实施了进攻战役进攻维亚济马。

　　由于缺乏实施大规模进攻行动的经验以及缺少快速兵团，因而未能全部完成所赋予的围歼德军中央集团军群基本兵力的任务。

　　2月初，来自西欧的德军增援部队和中央集团军群北翼部队，分别实施反突击，苏军的态势恶化。

　　4月20日，苏军最高统帅部命令西方向军部队转入防御，撤回外线作战部队，保卫战至此胜利结束。

　　莫斯科保卫战彻底打击了法西斯德国的嚣张气焰，使德军再也无力在全线发动进攻，为第二次世界大战的根本转折奠定了坚实的基础。纳粹德国企图快速征服苏联的计划破产，莫斯科保卫战胜利打破了德军不可战胜的神话，使其遭到无法弥补的物质损失。

　　德军的失败使德军士气更加低落。在冬季战局中，德军有35名高级将领被撤职，其中包括布劳希奇元帅、博克元帅、古德里安上将、施特劳斯上将等。

第二次
世界大战
著名人物

浴血奋战
夺取列宁格勒胜利

1941年6月22日，德国纳粹的北方集团军群在勒布元帅指挥下，以赫普纳第四装甲兵团为中路，屈希勒尔第十八集团军为左翼，布歇第十六集团军为右翼，在第一航空队支援下，从东普鲁士的柯尼斯堡向陶格夫匹尔斯、普斯科夫、列宁格勒方向实施进攻。

德军先头部队装扮成后撤的苏军伤兵，瞒天过海，骗过苏军守桥部队，完整地夺获了西德维纳河上的两座大桥，使北方集团军群主力顺利渡过宽阔的西德维纳河，攻占了陶格夫匹尔斯城。

陶格夫匹尔斯的失守，使普斯科夫、列宁格勒一线因失去了天然屏障而完全暴露在德军面前。斯大林按捺不住愤怒，下令了撤销了库兹涅佐夫上将的西北方面军司令员职务，由第八集团军司令索宾尼科夫少将接任，并任命瓦图京中将为方面军参谋长。

7月4日，德军突破了苏军在拉脱维亚—俄罗斯边界的防线，接着又于7月9日占领了苏军弃守的普斯科夫，打开了通往列宁格勒的大门。

列宁格勒北面芬兰一侧的芬军东南、卡累利阿两个集团军，也于6月底分别在彼德罗扎沃茨克和维堡方向，对苏军北方方面军发起猛烈的进攻。列宁格勒已经处于德芬两军的南北夹击之中。

斯大林打电话给西北方向总司令伏罗希洛夫元帅，严肃地责问道："普斯科夫怎么丢了？你们打算撤到哪里？撤到北冰洋去吗？"

伏罗希洛夫表示："斯大林同志，我清楚我的职责，我会不遗余力去完成党和人民对我的嘱托！"

　　然而，战局并未扭转。苏最高统帅大本营决定组建列宁格勒方面军，由原大本营预备队方面军司令员朱可夫大将出任列宁格勒方面军司令员。

　　9月9日晚，斯大林紧急召见朱可夫，对他说："你到列宁格勒去，接替伏罗希洛夫指挥方面军和波罗的海舰队。"

　　9月10日清晨，朱可夫带着助手霍津中将、费久宁斯基少将和科科佩夫少将飞抵列宁格勒。此时，伏罗希洛夫等人正在开会，讨论一旦守不住列宁格勒，应采取什么措施。朱可夫立即提出，必须坚决保卫列宁格勒，直至最后一人。随后，朱可夫对方面军进行了改组。

　　纳粹德国的炸弹可摧毁列宁格勒人的家园，但摧毁不了他们的坚强斗志，严寒和饥饿也不能。

　　在1941年冬季那段最艰难的日子里，列宁格勒人奇迹般地在拉多加湖冰面上开辟了一条冰上公路，通过这条与外界联系的唯一一条生命之路，运进

　　苏军炮兵正在战斗（俄二战博物馆场景模拟）

粮食，运出伤员，从而战胜了严寒和饥饿的威胁，挫败了德军困死列宁格勒人的企图。1942年12月8日，苏军最高统帅部统帅斯大林下达了突破列宁格勒封锁的作战命令，战役代号称"火花"。

1943年1月12日9时30分，苏军集中2000门大炮和迫击炮向施吕瑟尔堡地域内的德军阵地进行了两个小时的猛烈炮火打击，随后，苏军六十一集团军和第二突击集团军分别从南面和北面发起进攻，经过7天激战，突破德军阵地纵深14千米。1月18日，列宁格勒和沃尔霍夫两个方面军胜利会师，从而突破了德军对列宁格勒长达17个月的围困。

1944年1月，苏军最高统帅部决定对列宁格勒和诺夫哥罗德的德军实施一次歼灭性打击，以彻底将这一地区的德军驱逐出去。这也是史称斯大林式"十次打击"中的第一次。担任作战任务的是戈沃罗夫大将指挥的列宁格勒方面军、梅列茨可夫大将指挥的沃尔霍夫方面军和波波夫大将指挥的波罗的海第二方面军。

1944年1月14日，苏军三个方面军向列宁格勒和诺夫哥罗德的德军发起大规模进攻，至1月27日，苏军向西和西南方向挺进150千米至200千米，歼灭德军2个师，击溃23个师，收复红村、乌里茨克、普希金、诺夫哥罗德和卢加等城市，打通了列宁格勒通往莫斯科的十月铁路线，使列宁格勒从德军的长期围困中彻底解脱出来。当天，英雄城市列宁格勒以20响礼炮欢庆他们的胜利。美国军方在《第二次世界大战》资料片中评价列宁格勒战役说："一个将军可以赢得一次战役的胜利，但是，只有人民才能赢得战争的胜利！"

英国的《旗帜晚报》也称颂道：

列宁格勒的抵抗乃是人类在经受不可思议的考验中取得辉煌胜利的一个榜样。在世界历史上也许再也不能找到某种类似列宁格勒的抵抗。

惨烈抗争
赢得斯大林格勒战役

斯大林格勒战役，又称斯大林格勒保卫战，是第二次世界大战中苏联伟大卫国战争的主要转折点，是第二次世界大战的转折点，也是人类历史上最为血腥和规模最大的战役之一。

会战从1942年7月17日开始至1943年2月2日结束。

斯大林格勒即原来的察里津，位于伏尔加河下游西岸。1941年，德军占领乌克兰后，斯大林格勒成为苏联中央地区通往南方重要经济区域的唯一交通咽喉，战略位置极为重要。

德军在莫斯科会战失败后，被迫放弃全面进攻，于1942年夏在苏德战场南翼实施重点进攻，企图攻占高加索和斯大林格勒，切断苏军的战略补给线。5月，德军在哈尔科夫战役中挫败苏军的进攻。7月中旬，德军"B"集团军群前出到顿河大弯曲部，逼近斯大林格勒。

起初，由保卢斯上将指挥的德军第六集团军受令攻占斯大林格勒的任务，该集团军辖13个师约27万人，火炮和迫击炮约3000门、坦克约500辆，由第四航空队负责支援。

会战中，德军统帅部不断增加该方向的兵力，先后参加会战的还有第四装甲集团军、第二集团军，匈牙利第二集团军，罗马尼亚第三、第四集团军和意大利第八集团军。

苏军最高统帅部为保卫斯大林格勒，于7月12日组建斯大林格勒方面军，辖第六十二、第六十三、第六十四、第二十一集团军和空军第八集团军，后第五十七、第五十一集团军和第一、第四坦克集团军相继编入该方面军。斯

大林格勒方面军的任务是，在巴甫洛夫斯克至上库尔莫亚尔斯卡亚520公里正面上组织防御，基本力量集中部署于顿河大弯曲部。

方面军开始进行保卫斯大林格勒任务时仅有12个师16万人、火炮和迫击炮2200门、坦克约400辆、飞机454架，由远程航空兵和防空航空兵第一〇二师负责支援。

1942年7月17日，苏德双方在斯大林格勒接近地展开了激烈的交战，会战正式开始。

对于斯大林和希特勒来说，斯大林格勒战役都是事关成败的关键一战。苏军指挥部将战略重点从莫斯科转移到了伏尔加河地区，并且调动了全国所有的空中力量支持斯大林格勒。

1942年11月19日，苏联红军开始实施"天王星"行动。就在朱可夫和华西列夫斯基向斯大林汇报这一大胆而果敢的构想时，斯大林格勒已进入残酷的巷战。

德国军队攻进了城里，守城部队和工人并肩战斗拼死抵抗。在以后的两个多月的时间里，日日夜夜都在进行空前激烈的搏斗。

瓦图京的西南方面军和罗科索夫斯基的顿河方面军在纷飞的大雪中发起了反攻，瓦图京中将指挥的主攻部队得到空军的有力支援。

由于在数量上处于绝对劣势并且缺乏精良装备，仅仅在战斗发起一天之内，纳粹方面的罗马尼亚第三集团军阵地便被苏军突破。

斯大林立即指示华西列夫斯基集中力量开始实施"天王星"作战计划，这是对被围困在斯大林格勒的德军再加上一层合围圈的大胆攻势。这样，在苏联军队掌握了罗斯托夫以后，在高加索的德军的退路就被封堵了。

22日，苏军西南方面军开始分批渡过顿河。23日，西南方面军和斯大林格勒方面军在卡拉奇会师，从而完成了对斯大林格勒的包围。

至30日，苏军3个方面军将德第六集团军的5个军，罗马尼亚和意大利部队以及部分克罗地亚军队共约27万人合围在斯大林格勒的地域内，第六集团军只有约50000人的部队被分割在包围圈之外。苏军在不断加强对斯大林格勒

斯大林（塑像）

的包围圈，并开始缩小包围圈。

1943年1月，苏联红军发起了又一轮攻势，代号为"木星"行动，试图突破顿河地区的意大利军防线，并攻取罗斯托夫。如果这次行动成功，德军南部集团军的余部将被完全围困在高加索地区。

苏军虽然始终未能接近罗斯托夫，但是这次行动迫使德军与斯大林格勒包围圈内的德军相隔250千米以上的距离。

1月8日，苏顿河方面军司令员罗科索夫斯基中将向德第六集团军司令保卢斯上将发出最后通牒，敦促其投降。保卢斯电告希特勒，要求准予他随机行事，被希特勒驳回。

10日，罗科索夫斯基的顿河方面军向被围

的德第六集团军发起了代号为"指环"的进攻，深陷重围的德军开始从斯大林格勒郊区向城区收缩防守。1月22日，苏军占领了古门拉克机场，德军第六集团军的空运补给运输和伤员撤退行动的彻底中断了。

1月30日，希特勒授予保卢斯德国陆军元帅节杖，以鼓励其继续抵抗下去，也希望保卢斯能够战斗到底或自杀殉国。

但是，当苏军攻入德军设在百货商场内的司令部时，保卢斯选择了投降。同日，苏军打到了保卢斯的司令部。

2月1日，被包围的德军第六集团军司令部发报员自己决定向柏林发出了最后一封电报，最后用国际电码写上"CL"，表示本台停止发报。苏军在地下室外叫第六集团军司令部人员投降。保卢斯无话可说，只好投降。

1943年2月2日，被围困在斯大林格勒城北的第十一军残部也宣布投降。

至此，斯大林格勒会战结束。让苏军大为惊喜并同时让德军极为失望的是，战俘中包括22名将军。希特勒对保卢斯这位新陆军元帅极为失望，并公开说："保卢斯差一步就要跨入光荣的殿堂，但是他还是选择了退却。"

无论从什么角度评论，斯大林格勒战役都是第二次世界大战中甚至人类战争史上最为惨烈的战役之一。

整个战役持续199天。由于战役规模太大，伤亡者人数始终无法得到准确统计。

1943年2月4日，罗科索夫斯基和沃罗诺夫奉召从前线回到克里姆林宫。斯大林热情地欢迎他们，祝贺他们所取得的胜利。

连续作战
攻取德国首都柏林

1945年春，苏军距柏林仅60千米，斯大林指挥各路大军，准备给德军以最后歼灭性打击。

斯大林在准备对德军的最后一战即强击柏林时，严守反希特勒同盟各国商定和宣布的迫使德国在政治、军事和经济上无条件投降的政策。斯大林采取一切措施，调动一切积极因素，加快进攻的速度和规模。

斯大林为了制订进军白俄罗斯的计划，废寝忘食，征求了所有司令员的意见，时而单独讨论，时而共同商量。斯大林频繁地同各个方面军和最高统帅部的代表们进行联系，有时一天要给他们打好几次电话。

斯大林在局面已经扭转，红军节节胜利，捷报频传的情况下，作出了一项特别的规定，要求现在不要低估敌人而要格外小心。

斯大林的心情也同样很急切，想尽快地把敌人赶出去，把他们消灭在德国的国土上。但是，斯大林不允许放松准备工作，也不允许那种会导致冒险行动的过分乐观情绪。他要求指挥员胆大心细，勇猛顽强，周密计划，不打无准备之仗。

斯大林作为苏联最高统帅部统帅，指定参加柏林战役的部队有：白俄罗斯第一、第二方面军，乌克兰第一方面军，波罗的海舰队一部，空军远程航空兵第十八集团军，国土防空军及第聂伯河区舰队。此外，还有波兰第一、第二集团军。苏军共有兵力250万人，这就造成了数倍于德军的优势。

斯大林确定的柏林战役目的是，粉碎防守柏林方向的德军集团，攻占德国首都柏林，并于战役结束前使苏军前出易北河与盟军会师。

战役企图规定，在宽大正面实施数个猛烈突击，合围柏林集团，同时予以分割，逐一消灭。苏军最高统帅部大本营特别重视时间这一因素，要求战役高速度进行，在12至15个昼夜内结束。

各方面军司令根据大本营的企图定下了决心。白俄罗斯第一方面军奉命以第四十七集团军、突击第三集团军、突击第五集团军和近卫第八集团军的兵力，从屈斯特林登陆场实施主要突击，于战役第一日突破第一、第二防御地带，保障近卫坦克第一集团军、近卫坦克第二集团军进入交战。

至战役第六日，方面军主要集团攻占柏林，尔后，突击第三集团军辖坦克第九军务必第八昼夜进至柏林以西地域；第四十七集团军则于第十一日前出易北河一线。第六十一集团军和波兰第一集团军的兵力在屈斯特林以北，而第六十九、第三十三集团军和近卫骑兵第二军的兵力在屈斯特林以南分别实施辅助突击。第三集团军为方面军第二梯队。

近卫骑兵第七军担任预备队。步兵和坦克应利用夜暗于拂晓前一两个小时内，在30分钟炮火准备之后发起冲击。为了冲击时对地面照明，共准备了140多部探照灯。

苏军计划以三路进击柏林：以朱可夫元帅指挥的白俄罗斯第一方面军作为最强大的集团和攻击的先头部队，突破奥德河东、西两岸防线和附近若干地段，从东面攻击。

以科涅夫元帅指挥的乌克兰第一方面军前出到尼斯河东岸的南部直至苏台德山麓，从南面攻击；以罗科索夫斯基元帅指挥的白俄罗斯第二方面军前进到奥德河下游，从北面攻击。

4月16日5时整，朱可夫下达了攻击命令，苏军的炮弹呼啸着倾泻到德军的防御阵地上，轰炸机轰鸣着向德军头顶投掷下大量炸弹，整个大地都在可怕的颤抖之中。

20分钟后，100多个探照灯一下子全部亮了起来，把德军阵地照得通明。德军士兵们目眩眼花，苏军乘机向对方阵地冲去。

很快，朱可夫的白俄罗斯第一方面军突破了德军在柏林外围的第一道防

御地带。与此同时，南面科涅夫的乌克兰第一方面军亦于4月16日晨在尼斯河畔发起进攻，迅速渡过了尼斯河。

朱可夫的白俄罗斯第一方面军突破了德军第一道防御地带后，当天中午即进抵到德军第二道防御地带，继而歼灭守敌，并继续向柏林城挺进。

20日晨，白俄罗斯第一方面军先头部队第三突击集团军在库兹涅佐夫上将的率领下，抵达柏林近郊，使整个柏林城市区处于榴弹炮和加农炮的射程之内。20日1时30分，苏军的地面炮兵群首次向柏林城内轰击。

鉴于苏军已兵临柏林城下，希特勒决定德军统帅部撤离柏林，他本人则留下"与柏林共存亡"。他下令军事机关的所有参谋和文职人员都毫无例外地参加战斗，并决定对按兵不动的指挥官要在5小时内处决，对退却的官兵不仅要处死，还要在他们的尸体上挂起"逃兵""胆小鬼""他背叛了国家、玷污了德意志民族"的牌子示众。

苏军从后方调来了大口径要塞炮用于摧毁德军坚固据点，在后面13天的战斗中，要塞炮共发射约180万发炮弹，战斗到了空前惨烈的地步。

德军防御部队在先前的战斗中遭到惨重损失，已极度疲惫，无法阻挡占据优势的苏联红军的强大攻击。

此时，几乎与世隔绝的希特勒，待在总理府的地下暗堡里仍在做不切实际的幻想，仍不断地发出由他签署的无线电报，调兵遣将。实际上，一些将领已不再那么坚决地执行他的命令了。

4月27日，苏军已攻入柏林市。柏林守备司令魏德林向希特勒提出了守军从首都突围的计划，并保证国家元首安全撤离柏林。但是，希特勒意识到他已彻底输掉了这场由他发动的战争，他拒绝离开柏林，他要在这里坚持到他生命的最后一刻。

4月29日凌晨，希特勒宣布与爱娃·布劳恩举行婚礼。婚礼之后，希特勒口述了他的遗嘱，指定海军元帅邓尼茨为他的接班人，他决定自杀并希望他们夫妇的遗体在总理府进行火化。

4月30日15时30分，希特勒与结婚才一天的妻子在地下暗堡的寝室里双双

自杀。

4月30日21时50分，苏军战士将胜利的红旗插上柏林国会大厦圆顶。

5月1日凌晨，朱可夫往莫斯科打电话给斯大林，向他报告了关于希特勒自杀和收到戈培尔建议停战信的情况。

斯大林指示："除无条件投降外，不要同克列勃斯或其他希特勒分子进行任何谈判。"

1945年5月1日10时，苏军开始对柏林市中心敌特别防御地区，对帝国办

斯大林（塑像）

公大楼展开最猛烈的射击。

至天色刚暗下来的时候，朱可夫忽接到第三突击集团军的报告，说刚才在近卫步兵第五十二师的地段上，有一群德国坦克突出了包围，高速度向柏林西北郊驶去。

"有什么人逃离柏林？"这事引起了各种各样的猜测。有的人甚至说，突围的那一群坦克，可能带走了法西斯头子戈培尔和鲍曼。

方面军司令部随即发出了战斗警报，动员部队阻止任何一个活着的人逃出柏林地区。并命令坦克部队组织追击，要找到并歼灭突围的坦克。

至5月2日黎明时，这一群坦克在柏林西北15千米处被发现，并迅速被苏军坦克兵消灭。在被击毙的坦克乘员中，没有发现任何一个希特勒分子的头目，烧毁的坦克中的尸体则无法辨认。

在苏军强大炮火的打击下，负隅顽抗的德军已无法招架。5月2日1时50分，柏林城防司令部的无线电台，曾多次用德语和俄语作了如下内容的广播："我们派使者到俾斯麦的桥上去。我们停止军事行动。"

6时30分，柏林城防司令宣布投降并向其部队下达了如下的停止抵抗的命令："4月30日，元首已经自杀，他抛弃了我们这些曾宣誓效忠于他的人。根据元首的命令，我们德国军队还应该为柏林继续作战，尽管我们的弹药已消耗殆尽，尽管总的形势已使我们继续抵抗变得毫无意义。我命令：立即停止抵抗。"

5月2日早晨，德军柏林城防司令官魏德林上将前往朱可夫的前沿指挥所，签署了投降令。至中午时分，柏林守军全部投降。至此，苏德战争最后一次决战，即柏林会战结束。

尽管停止抵抗的命令已下，但个别城区有些战斗还在继续进行。步兵第三〇一师和第二四八师，进行了争夺帝国办公大楼的最后战斗。

这个大厦附近和内部的战斗特别激烈。步兵第九军政治部的女指导员尼库利娜少校，在沙波瓦洛夫营的强击组的编成内，穿过屋顶的破口向上攀登，从上衣中取出红旗，并用电话线把红旗固定在楼顶的金属尖上。苏联的

战旗在帝国办公楼上空飘扬。

至5月2日下午，仍进行抵抗的德军被彻底解决。残余的柏林守备部队，共13万余人投降就俘。柏林巷战结束了。

这一天是苏联人民、苏联武装力量以及全世界反法西斯的国家和人民取得伟大胜利的日子。

最高统帅斯大林在命令中说道：

　　白俄罗斯第一方面军部队，在乌克兰第一方面军部队协同下，经过顽强的巷战，彻底粉碎了柏林德军集群，并于5月1日，全部攻占了德国首都柏林市这一德国帝国主义的中心和德国侵略的发源地。

在攻占帝国办公大楼之后，朱可夫和别尔扎林上将及其他参战部队将领前往该处视察，以查清希特勒、戈培尔和法西斯当局其他头目自杀问题。待他们正要结束对帝国办公楼的检查时，得到报告说，在地下室发现了戈培尔6个孩子的尸体。

"坦率地说，当时我没有足够的勇气，下到那里去看那被父母亲杀死的子女，"朱可夫在回忆录中写道，"不久，在地下室附近，又发现了戈培尔和他妻子的尸体，让弗里切博士来辨认时，他证明这确是他们。"

大部分法西斯头目，包括戈林、希姆莱、凯特尔和约德尔在内，事先都离开柏林逃往四面八方。直至最后的时刻，他们还同希特勒一道，像输红了眼的赌徒一样，把希望寄托在似乎能拯救法西斯德国和他们本人的一张王牌上。

1945年4月30日至5月1日，纳粹分子的头目们仍然企图延迟其彻底失败的时间，他们想出的办法是提出谈判，要求把邓尼茨新政府的成员召集到柏林，似乎在这之后才能对德国的投降作出决定。

克列勃斯将军是一位有经验的军事外交家，他千方百计地企图拖延谈判

的时间。由于希特勒分子当时没有接受无条件投降的要求，苏军奉命立即将敌人彻底消灭。

5月3日晨，朱可夫和柏林卫戍司令别尔扎林将军等人，一起视察了国会大厦，以及这一地域内发生过战斗的各个地点。

伴随他们并作解说的是威廉·皮克的儿子阿尔图尔·皮克，战争时期他在红军队伍中作战。他对柏林十分熟悉，这就使得朱可夫能够比较容易地研究苏军当时作战的条件。

朱可夫说，这里你跨过的每一个地面，这里的每一块土地、每一块石头，都比任何言语更能清楚他说明，在帝国办公楼和国会大厦附近以及在这些建筑物内部所进行的，是怎样的一场殊死的搏斗。

5月7日，斯大林从克里姆林宫打来电话通知朱可夫说：今天德国人在兰斯签署了无条件投降书。是苏联人民，而不是同盟国，肩负了战争主要重担，因此，投降书应在反希特勒联盟所有各国的最高统帅部面前签署，而不是只在同盟军最高统帅部面前签署。

"不在柏林，不在法西斯侵略的中心签署投降书的这种做法，我是不同意的。"斯大林说道，"我们已与各同盟国商定，把现在法西斯签署投降书一事只当做投降仪式的预演。明天德国最高统帅部的代表和盟军最高统帅部的代表要来柏林。苏军最高统帅部的代表由你担任。维辛斯基明天就会到达你那里。在投降书签署后，他将留在柏林，充任你的政治助理。"

5月8日清晨，维辛斯基乘飞机从莫斯科来到柏林。他带来了处理德国投降所必需的全部文件，以及盟军最高统帅部代表的组成名单。

从这天早晨起，世界各大报刊的记者、撰稿人和摄影记者开始到达柏林，以便记下从法律上肯定法西斯德国灭亡这一历史性时刻，记下希特勒德国承认自己的一切法西斯计划、仇视人类的目标遭到无可挽回失败的这一历史性时刻。

当天中午，盟军最高统帅代表到达柏林。代表盟军最高统帅部的是英国空军上将特德、美国战略空军司令斯巴兹将军和法军总司令塔西厄将军。

德军凯特尔元帅、弗雷德堡海军上将和什图姆普弗空军上将，也在英国军官的护卫下，从弗伦斯堡乘飞机前来柏林，他们由邓尼茨授权前来签署德国无条件投降书。

在柏林东部的卡尔斯霍尔斯特，在德国军事工程学校原为饭厅的一幢两层楼房里，准备了一间厅堂，投降的签字仪式就在这里举行。

盟军统帅部代表们稍事休息后，即来到朱可夫司令部讨论与希特勒分子投降有关的一系列问题。这时，凯特尔同他的伙伴们待在另一幢房子里。

据苏联军官们说，凯特尔和德国代表团的其他成员神情异常不安。凯特尔曾对他身旁的人说："从柏林街道经过时，我为柏林所受破坏的程度，感到极为震惊。"

苏方人员回答他说："元帅先生，当按照你的命令消灭了成千上万的苏联城市和村庄的时候，当千百万苏联人，包括无数的儿童，压死在这些城市和村庄的废墟的时候，你曾感到过震惊吗？"

凯特尔脸色发白，他神经质地耸了耸肩，什么也没有回答。

当盟军代表们进入大厅时，朱可夫元帅代表盟军最高统帅部宣布，受降仪式正式开始。

他说："我们，苏军最高统帅部和盟军最高统帅部的代表，受反希特勒同盟各国政府的委托，来接受德国统帅部代表德国无条件投降。请德军最高统帅部代表进入大厅。"

所有在场的人都转过头来注视着门口，曾向全世界吹牛，说他们能够以闪电的速度，并能在6个星期至一个半月消灭苏联，进而征服全世界的人，现在就要露面了。

头一个跨进门槛的，是希特勒的主要助手凯特尔元帅。他慢慢地走着，努力保持着镇静。他举起拿着元帅杖的右手，向苏军和盟军最高统帅部的代表致敬。跟随凯特尔之后进来的，是什图姆普弗上将。他是低矮个儿，眼睛里充满着凶狠而又无能为力的表情。一同进来的还有未老先衰的弗雷德堡海军上将。

德国人被安置坐在离门不远，专为他们准备的一张单独的桌子旁边。凯特尔不慌不忙地坐下来，并抬头凝视着坐在主席团桌旁的盟军统帅部的代表们。什图姆普弗和弗雷德堡也紧靠凯特尔坐下。随从军官们则站在他们椅子的后面。

朱可夫问德国代表团："你们手里有没有无条件投降书？你们是否已研究过它并有全权签署它？"

"是的，我们已研究过并准备签署它。"凯特尔元帅用嘶哑的嗓音回答说，同时随手交出邓尼茨海军元帅授权他们签署无条件投降书的证件。如今

🔺 朱可夫元帅（油画）

凯特尔已经完全不像是在接受被征服的法国投降时那个目空一切、骄横十足的元帅了。现在他显得十分狼狈，虽然他还力图保持某种将帅姿态。

朱可夫说："德国代表团到桌子这儿来签署德国无条件投降书。"

凯特尔用不友善的眼光向大厅扫了一下，马上站起来，垂下眼睛，慢慢拿起他的元帅杖，迈着迟缓的步子走到桌子跟前。他的单片眼镜掉了下来，挂在镜绳上。脸上满布着红斑。

什图姆普弗上将、弗雷德堡海军上将和随从德国军官，也跟他一起走到桌子跟

前。凯特尔戴上单片眼镜，坐到椅子边上，用颤抖着的手签署了5份投降书。什图姆普弗和弗雷德堡也签上了自己的名字。

投降书上写着：

　　我们，这些代表德国最高统帅部的签字者，同意德国一切陆、海、空军及目前仍在德国控制下的一切部队，向红军最高统帅部，同时向盟国远征军最高统帅部无条件投降。

签署完毕之后，凯特尔从桌旁站了起来，戴上右手的手套，这时他又想显示一下他的军人的姿态，用他的元帅手杖行了个礼，昂起下巴，大步走出了房间。

此时此刻，在弗伦斯堡，希特勒的继承人邓尼茨元帅坐在一张办公桌后面，写完了给全体军官的告别书。

这个告别书从字里行间可以看到，法西斯分子不肯服输，仍妄图东山再起，但是在觉醒的全世界人民面前，他们的阴谋不会轻易得逞，而且永远不会得逞。

1945年5月9日0时10分，受降仪式宣告结束。朱可夫随即以苏联最高统帅部的名义，为这一长久期待的胜利，向所有在场的人表示衷心的祝贺。

大厅里响起了一片难以形容的欢呼声。大家都在互相祝贺、握手，许多人的眼里涌出了欢乐的泪水。

这一天，被宣布为反法西斯胜利日。

朱可夫对他的战友们说：

亲爱的朋友们：
　　伟大的荣誉落到了我和你们身上。人民、党和政府信任我们，要我们在最后的交战中，率领英勇的苏军强击柏林。
　　苏联军队，包括你们这些在争夺柏林的交战中指挥部队的

人，光荣地实现了这一信任。

遗憾的是，有许多人已不在我们中间了。否则，他们将为这长久盼望的胜利而多么欢欣鼓舞啊！他们正是为了这个胜利而毫不动摇地献出了自己的生命。

当想起未能活到这一欢乐日子的亲人和战友们时，这些习惯于毫不畏惧地正视死亡的人们，不管如何控制自己，也不禁流出了热泪。

1945年5月9日凌晨，这是一个庄严的时刻，经过艰苦的奋战，经过重大的牺牲，欧洲战争终于结束了。

谁也无法辩驳的事实是，苏联肩负了对德国法西斯武装力量进行斗争的主要重担。这是苏联历史上所进行过的一切战争中最残酷、流血最多和最艰苦的一场战争。

在战争期间，有2000多万苏联人死亡。在反希特勒同盟国中，没有一个国家和一国人民曾像苏联一样，遭受到如此重大的牺牲，并为击败威胁全人类的敌人，而贡献过这样大的力量。受降仪式一结束，斯大林就于当天发表了《告人民书》。《告人民书》说：

战胜德国这一伟大的日子来到了。法西斯德国被迫向红军和我们盟国的军队屈膝，承认自己被战败并宣布无条件投降了。

我们为了我们祖国的自由和独立而遭到的巨大牺牲，我国人民在战争进程中所经受的无数苦难，为了祖国而在后方和前线进行的紧张劳动，这一切都没有白白过去，而是获得了完全战胜敌人的结果。

各斯拉夫民族长期以来为了自身的生存和独立而进行的斗争，终于以战胜德国侵略者和德国暴政而告终了。从此，各国人民的自由和各国人民之间的和平的伟大旗帜，将飘扬在欧洲上空。

　　为了庆祝在伟大卫国战争中取得的对德国的胜利，斯大林定于1945年6月24日在莫斯科红场举行作战部队、海军部队和莫斯科卫戍部队的阅兵式，即胜利阅兵式。6月22日，卫国战争爆发四周年的这一天，斯大林发布阅兵式命令。

　　1945年6月24日，在红场举行了规模盛大的胜利阅兵。斯大林站在列宁墓上，身旁是朱可夫元帅。阅兵由罗科索夫斯基指挥。

　　在阅兵首长致辞之后，苏联海、陆、空部队和部分参战人员，迈着整齐的步伐，成分列式从列宁的陵墓前，从政府和党的领导人面前，从灰色的克里姆林宫前次第通过。

　　这天正下着倾盆大雨，但丝毫没有使庆祝的盛况减色。步兵、骑兵和坦克兵通过泥泞的道路，由红场急驰而过。斯大林作为苏联各族人民的领袖，作为红军的最高统帅，最终领导苏联人民赢得了反法西斯战争的最后胜利。

图书在版编目（CIP）数据

风云人物：第二次世界大战著名人物 / 胡元斌主编
. ——北京：台海出版社，2013.8（2021.5重印）
（第二次世界大战纵横录）
ISBN 978-7-5168-0248-9

Ⅰ.①风… Ⅱ.①胡… Ⅲ.①第二次世界大战—历史
人物—生平事迹 Ⅳ.①K815.2

中国版本图书馆CIP数据核字(2013)第188568号

风云人物：第二次世界大战著名人物　　　第二次世界大战纵横录

主　编：胡元斌　严　锴

责任编辑：姜　航　　　　　　　　　装帧设计：大华文苑
版式设计：大华文苑　　　　　　　　责任印制：严欣欣　吴海兵

出版发行：台海出版社
地　　址：北京市东城区景山东街20号　　邮政编码：100009
电　　话：010—64041652（发行，邮购）
传　　真：010—84045799（总编室）
网　　址：www.taimeng.org.cn/thcbs/default.htm
E-mail： thcbs@126.com

经　　销：全国各地新华书店
印　　刷：北京九天鸿程印刷有限责任公司
本书如有破损、缺页、装订错误，请与本社联系调换

开　　本：710×1000　　　1/16
字　　数：210千字　　　　　　　　　印　张：13
版　　次：2014年1月第1版　　　　　印　次：2021年5月第4次印刷
书　　号：ISBN 978-7-5168-0248-9

定　　价：48.00元